Du même auteur

Aux Éditions du sous-sol

*Jours Barbares*, traduit de l'anglais (États-Unis) par Frank Reichert, 2017 (Éditions Points 2018)

# Avec Mollie

Traduit de l'anglais (États-Unis)
par Jean Esch

## William Finnegan

FEUILLETON
Non-Fiction

Éditions
du sous-
sol

# I ÉTÉ, VERM

ONT

La première fois que nous avons vu notre fille, Mollie, faire de l'escalade, c'était dans les collines verdoyantes du Vermont. Elle avait douze ou treize ans. Ma femme, Caroline, et moi avions fait le trajet en voiture depuis New York pour lui rendre visite dans ce camp de vacances où nous l'envoyions depuis quelques années.

Je trouvais ce concept de camp de vacances étrange. J'ai grandi dans le sud de la Californie où les vacances étaient synonymes de plage si vous aviez les moyens d'y aller et, si vous ne les aviez pas, vous alliez faire les quatre cents coups dans les collines. Dans celles où nous habitions, il y avait des serpents à sonnette, des campements de *hobos*, d'anciens champs de tir avec de vraies cartouches abandonnées dans les mauvaises herbes… Il y avait tout ce que vous pouviez désirer, sauf des vagues. Nous connaissions les camps de vacances grâce aux films sur les gamins de la côte Est. C'était à peu près tout. Caroline, qui avait grandi au Zimbabwe, n'était pas plus familiarisée avec ce concept que moi. Mais quand les camarades de classe de Mollie, à New York, ont commencé à partir en masse dans ces camps, nous avons eu l'impression d'être de mauvais parents, alors nous l'avons laissée aller dans ce vieux et ravissant établissement hors de prix, au bord d'un lac, pendant trois semaines et demie traumatisantes.

Pas pour Mollie (elle adorait ça), mais pour nous. Il n'y avait ni téléphone ni Internet sur le camp, c'était une vraie séparation à l'ancienne, avec uniquement un échange de lettres qui se croisaient. Les filles dormaient sous des tentes et dans des cabanes à flanc de colline, sans électricité (d'où le prix exorbitant sans doute). Le camp existait depuis un siècle. Mollie y a appris des chansons de colo, le tissage, le tir à l'arc. Elle nageait dans le lac, montait à cheval, se faisait de nouveaux amis et participait à des boums pendant que nous, nous souffrions. C'est notre seul enfant et nous étions séparés d'elle pour la première fois, ou presque. Elle nous manquait terriblement.

Depuis sa naissance, nous passions tous les étés dans une maison de campagne que possédaient mes parents à Long Island. Un endroit très animé. Mollie a un tas de tantes et d'oncles, et deux cousins plus âgés qu'elle adore. Tout le monde allait et venait. C'est là que Mollie, qui a toujours vécu en appartement, a découvert qu'il suffisait de pousser une porte pour se retrouver à l'air libre. À deux ou trois ans, elle n'arrêtait pas de sortir et de rentrer – dehors, dedans –, surexcitée. Plus tard, nous avons construit à deux une cabane dans un arbre du jardin, où nous pouvions nous asseoir en silence, au milieu des branches, pour espionner les gens en bas. Quand mes parents sont décédés, nous avons vendu la maison et ma sœur a déménagé avec sa famille, dont les deux cousins adorés.

Du coup, les vacances d'été avaient déjà un peu perdu de leur saveur avant cette histoire de camp. La deuxième année, ce fut *sept* semaines de camp, avec juste un week-end au milieu pendant lequel nous étions autorisés à lui rendre visite.

J'essayais de noyer mon chagrin dans le travail – je gagne ma vie en écrivant – ou en allant faire du surf au Mexique et aux îles Fidji, si je trouvais le temps et l'argent. Je suis profondément accro au surf depuis l'enfance. Je pensais que ça me passerait quand nous avons emménagé sur la côte Est. Mais ça ne s'est jamais produit.

Nous foncions dans le Vermont, arrivant même la veille au soir, pour ces week-ends d'été.

Ce devait être au cours de sa troisième année de camp. On se baladait avec notre camping-car, on pique-niquait, on se baignait, on rattrapait le temps perdu. D'autres familles en faisaient autant. Je me souviens d'avoir vu des piles de livres gondolés par la pluie sous le lit de Mollie – ça devait être l'été Ian McEwan, ou peut-être celui d'après. Bref, son principal vice, c'était la lecture : en ville, elle lisait debout dans le bus, et elle était tellement absorbée qu'elle loupait son arrêt. Ici, nous confia-t-elle, elle avait acquis la réputation de passer les jours de pluie et les jours de canicule, et n'importe quel moment libre, recroquevillée sous sa tente avec un livre. Ses lettres débutaient souvent par des citations provenant de bouquins qu'elle était en train de lire ou de chansons qu'elle aimait bien. Mais certains de ses camarades me faisaient l'impression d'être des brutes épaisses, des costauds qui devaient voir d'un mauvais œil notre petite intello, et ça m'inquiétait. Mollie était deux fois plus menue qu'eux. Elle possède un sens de l'humour mordant, mais elle n'a aucun goût pour la confrontation et, autant que je sache, pas une once de méchanceté.

Par ailleurs, ce n'était vraiment pas une sportive, une athlète, malgré mes efforts dans ce domaine. Elle aimait nager, mais elle refusait de s'inscrire dans un club de natation. Quand elle nageait vite, elle avait l'impression de se noyer, disait-elle. Elle faisait partie d'une équipe de soccer, mais sans grande conviction.

En fait, elle m'avait avoué récemment que lors des matchs, durant les temps morts, elle s'occupait en regardant fixement des brins d'herbe, pour voir si elle parvenait à les faire bouger par la pensée. On peut donc dire, sans risque de se tromper, qu'elle n'avait pas la tête au jeu.

Nous nous sommes disputés plusieurs fois, elle et moi, à cause de son indifférence vis-à-vis du soccer. Je ne sais pas pourquoi j'y attachais autant d'importance. Alors que je n'aime pas ce sport. Simplement, ça m'énervait de voir qu'elle n'essayait même pas. C'était comme si elle se braquait d'emblée, ce qui m'affolait un peu. Mais Mollie démontra avec une efficacité étonnante les aspects détestables et sanguinaires de "l'esprit d'équipe", cet enthousiasme tribal et stupide pour la victoire. Pourquoi ne pas laisser l'équipe adverse gagner, si c'est tellement important pour eux ? Elle a vraiment dit ça. J'ai essayé de lui expliquer que le fait de gagner, ou d'essayer de gagner, faisait partie du plaisir. Mollie adore avoir le dernier mot et donc, comme toujours, elle a refusé de céder un pouce de terrain. Toutefois, elle m'a demandé de ne pas dire à ses camarades et à ses coéquipières combien elle se sentait décalée et blasée, et bien entendu je n'ai rien dit.

Et voilà qu'au cours de nos pérégrinations dans le Vermont, ce jour-là, nous sommes tombés sur une immense tour d'escalade en bois, de douze mètres de haut peut-être, au bord d'un terrain de sport. Je ne l'avais jamais remarquée. C'était un sacré spectacle. Des filles harnachées s'étaient hissées à mi-hauteur, par différents itinéraires. Il y avait pas mal de cris stridents. Et d'en bas montaient des beuglements : les encouragements des familles et les instructions de ceux qui assuraient les grimpeuses. Deux d'entre elles parvinrent au sommet, après pas mal d'efforts et de tensions. D'autres, assises dans leurs baudriers, l'air maussade, attendaient qu'on les fasse redescendre.

Je me tournai vers Mollie et, essayant de masquer toute trace de sarcasme, je lui demandai si elle pensait être capable d'en faire autant. Dès que j'eus prononcé ces mots, je m'aperçus que, pire que du sarcasme, il y avait une pointe de méchanceté dans ma question. Je me moquais de son désintérêt pour tout ce qui touchait au sport, et je m'en voulus immédiatement. Mais Mollie ne réagit pas. Elle continua d'observer les grimpeuses et répondit : "Bien sûr."

Je ne pouvais pas laisser passer cette occasion. "Ah bon ? ai-je dit. On va voir ça."

Elle me lança un petit regard détaché, hocha la tête et se dirigea d'un pas nonchalant vers l'un des assureurs, qui lui tendit un baudrier. Elle l'enfila et l'attacha, ce qui implique de faire un nœud de huit à la corde, de la passer dans le baudrier, de doubler le nœud de huit et d'ajouter un nœud double en guise de coinceur. Elle fit tout cela en quelques secondes et attendit que l'assureur vérifie. Impec. Sur ce, elle enfila un casque en plastique blanc, s'approcha de la tour, guetta le hochement de tête de l'assureur, et c'était parti.

Elle escalada cette tour tel un saumon royal en pantalon de survêtement vert qui remonte le courant. Elle arriva au sommet en moins d'une minute, fit un signe à son assureur, pouces levés, puis redescendit en douceur jusqu'au sol. Nous étions... stupéfaits. Pendant que Caroline félicitait avec enthousiasme Mollie, occupée à ôter son baudrier, je pris l'assureur à part, un jeune Britannique rondouillard et enjoué. "Mollie ?

dit-il. C'est notre meilleure grimpeuse. Vous auriez dû la voir sur le rocher la semaine dernière."

Nous nous sommes extasiés sur les talents de grimpeuse de notre fille impassible. Bah, c'était rien, ça. Mais on voyait bien qu'elle était ravie. C'est une fille entêtée, d'une discrétion tenace, et je suis sûr qu'elle n'aurait jamais parlé de ses exploits si nous n'étions pas tombés par hasard sur cette tour d'escalade. Mais je pouvais dire avec autant de certitude qu'elle avait pris plaisir à me remettre à ma place.

LES

CL

# II

# IFFS

Quelques semaines plus tard, elle rentrait à la maison – alléluia ! – et je l'emmenai avec une de ses amies à Chelsea Piers, un complexe sportif situé dans le West Side de Manhattan qui possédait, avais-je entendu dire, un mur d'escalade. Dans mon souvenir, mes intentions étaient modestes – je voulais seulement occuper un dimanche matin –, mais également motivées, à l'évidence, par le souvenir de Mollie escaladant sans peine cette tour dans le Vermont. Nous avons loué du matériel et un type assez âgé, taillé comme un gymnaste, avec un fort accent russe et des mains énormes (on aurait dit des maniques), nous assura et nous donna les instructions de base pendant que nous empruntions des itinéraires simples. C'était ma première expérience, et je me suis éclaté. J'ai toujours aimé escalader des trucs et les prises en plastique semblaient toutes idéalement placées.

Assurer, je devrais le préciser, cela signifie offrir une protection au grimpeur grâce à une corde fixée au mur et passée dans son baudrier. Si le grimpeur chute, l'assureur est censé le retenir, le plus rapidement possible, grâce à ce qu'on appelle un bloqueur. Je passai un très bon moment sur le mur de Chelsea Piers, mais le vieux Russe n'avait d'yeux que pour Mollie. Il voulut savoir depuis combien de temps elle faisait de l'escalade et qui l'avait entraînée. Lorsque je répondis "Je ne sais pas" et "Personne", il me donna le nom d'un gymnase de Long Island City, dans le Queens. L'endroit s'appelait les Cliffs – les Falaises. C'est là-bas qu'elle devrait grimper, dit-il. Elle était naturellement douée.

Mollie était intéressée et, à la première occasion, nous avons pris la direction de Long Island City. Un quartier mi-résidentiel, mi-industriel. Parsemé d'ateliers de mécanique, de maisons mitoyennes identiques et de parkings pour *yellow cabs*. En voie de gentrification à partir du pont de la 59ᵉ, en venant de Manhattan. Les Cliffs étaient un ancien entrepôt aménagé, immense et animé, très haut de plafond, avec de la musique assourdissante, des hipsters musclés dans tous les coins et au moins une centaine de parcours d'escalade différents.

Il existait un système de "moulinette" : une corde part d'un bloqueur, passe à travers un relais fixé au sommet du mur et redescend jusqu'au grimpeur. Les plus expérimentés pratiquaient également de la "grimpe en tête" : la corde va directement de l'assureur au grimpeur, qui s'accroche à des mousquetons au gré de son ascension pour créer des points d'assurage en cas de chute. Des parcours de vingt mètres, qui donnaient le vertige rien qu'à les regarder, avec des surplombs qui sortaient d'une sorte de caverne profonde et disparaissaient parmi les chevrons du toit. Et puis il y avait un grand nombre de "blocs" : de l'escalade sans corde, à moins de sept mètres du sol, avec d'épais revêtements bleus par terre. Pour quelqu'un qui découvrait ce lieu, les Cliffs étaient un choc sensoriel, une scène à 360 degrés, grouillante d'individus qui s'accrochaient à des prises tape-à-l'œil sur des murs peints de couleurs vives, ou se balançaient dans leurs baudriers, très loin du sol. Un triptyque géant de Jérôme Bosch si celui-ci n'avait pas représenté le Paradis et l'Enfer, ni *le Jugement dernier*, mais "Comment s'éclater au XIXᵉ siècle de manière ésotérique en se prenant très au sérieux ?".

Je ne sais pas trop ce qui se passa ensuite. Je sais seulement que Mollie réussit un test d'assurage, et me fit faire des exercices pratiques sur les nœuds jusqu'à ce que je réussisse le test, moi aussi, après quoi on nous remit des badges en plastique que nous avons fixés sur nos baudriers, et nous avons commencé à grimper, en nous assurant mutuellement, sur de petits parcours, en moulinette. À partir de ce jour, je crois que nous y sommes retournés tous les week-ends. Mais Mollie y allait plus souvent que moi. Elle prenait le métro après les cours. Nous lui avions acheté d'authentiques chaussons d'escalade, un baudrier à sa taille, un sac à magnésie. Ensuite, elle progressa à la vitesse de l'éclair. Chaque fois que je levais les yeux, elle semblait grimper plus vite, plus ardemment, plus intensément. Ses mains fragiles de citadine se couvrirent de cloques et d'éraflures tout d'abord, puis se fabriquèrent une épaisse couche de cals. Qui l'assurait quand je n'étais pas là ? Elle trouvait des partenaires, me dit-elle. Des solitaires choisis au hasard, comme ce barbu bizarre adepte de l'escalade glaciaire. Parfois, elle était obligée de mentir sur son âge car personne ne faisait confiance à une gamine maigrelette de treize ans pour les retenir. Ou bien, elle s'auto-assurait (les Cliffs possédaient une petite annexe prévue à cet effet). De plus en plus souvent, elle faisait du bloc, sans corde et donc sans partenaire. Je m'aperçus qu'elle commençait à employer un nouveau langage, rempli de termes obscurs – cheminée, lock-off, gaston, arquée. Je ne savais pas de quoi elle parlait.

Puis je m'y suis mis, moi aussi. Le fait d'être là, au pied d'un mur, me donnait envie de l'escalader et le spectacle des meilleurs grimpeurs des Cliffs, la grâce et l'économie de leurs mouvements, était stimulant. J'essayais de les imiter, et j'adorais cette sensation d'enchaîner quelques mouvements plus ou moins élégants, tel un vieux gibbon qui s'étire. Sur les conseils de Mollie, j'achetai des chaussons d'escalade de marque italienne, en daim bleu, avec des semelles en caoutchouc noir collant et renforcées au bout, soit la partie la plus sollicitée sur le mur. Je sentis immédiatement la différence. Ces chaussons n'étaient pas confortables, mais les extrémités, contrairement aux modèles flexibles fermés par des Velcros que je louais jusqu'alors, adhéraient véritablement aux prises (du moins, si je me concentrais et exerçais une pression suffisante dans l'angle idéal).

Mollie devint ma professeure. Jamais je n'eus l'idée de prendre un cours. J'avais mon petit coach personnel, qui semblait déjà connaître tout ce que je souhaitais apprendre. Elle pointait mes erreurs de débutant et me montrait une meilleure technique. Ne choisis pas forcément la plus grosse prise que tu vois. Réfléchis à ton itinéraire. Et n'attrape pas les prises de cette façon, tout près du corps, en "aile de poulet", comme on dit. Tu t'épuises. C'est pour ça que tu es tombé tout à l'heure. Trouve des prises le plus loin possible et transfère une partie du poids de ton corps pour soulager les muscles de tes bras. Ne serre pas trop les prises. Trouve des appuis solides pour tes pieds. Plus haut, les pieds. Colle ton bassin contre la paroi. Mollie me donnait ces conseils d'une voix douce, patiemment, et riait très souvent. J'étais frustré, honteux d'être aussi mauvais, mais elle paraissait indifférente, nullement gênée. Elle m'encourageait quand je faisais quelque chose de bien, et elle semblait deviner quels mouvements étaient particulièrement difficiles pour moi.

Je n'avais pas l'impression de faire le moindre progrès, et je n'étais pas certain de réussir à m'améliorer un jour. Je suis plutôt costaud, après une vie passée sur un surf, et je suis grand, j'ai de longs bras, ce qui peut s'avérer utile pour escalader un mur, mais je ne suis pas souple, une qualité essentielle dans cette discipline, et j'avais l'impression de n'avoir aucune force dans les doigts, ce qui pouvait paraître rédhibitoire. J'avais soixante-deux ans à l'époque : peut-être que j'étais trop vieux. Toutefois, d'après Mollie, mon problème était moins ma supposée faiblesse qu'une mauvaise technique, et je progressais, affirmait-elle, je commettais moins d'erreurs stupides.

À ce stade, nous grimpions en moulinette, à une dizaine de mètres de hauteur, si bien qu'elle ne me conseillait véritablement que pendant les trois ou quatre premiers mètres. Plus haut, ça devenait difficile de l'entendre, à moins qu'il s'agisse d'un ordre simple comme "À droite !" pour me signaler une prise que je n'avais pas vue. Pourtant, j'avais l'impression qu'elle était près de moi, pour me diriger vers une meilleure prise, m'indiquer des mouvements plus adaptés, m'encourager en silence à puiser dans mes réserves lorsque je flanchais. À croire qu'elle pouvait lire en moi, d'en bas. Je commençais à paniquer, incapable de repérer la prise suivante, de repérer l'itinéraire, je m'essoufflais. Et j'entendais cette petite voix qui montait le long du mur : "Respire." Ah, oui. Je retenais mon souffle depuis plusieurs minutes. Comment le savait-elle ?

Rétrospectivement, tout cela ne semble pas très sain, psychologiquement parlant. Un père dépendant de sa fille adolescente, persuadé qu'elle lit dans ses pensées, qu'elle comprend son état d'esprit et son corps au moment où il est en difficulté, et qui lui prodigue des conseils judicieux et souvent amusés. C'est comme ça. J'ai toujours attaché beaucoup d'importance au jugement de Mollie. Quand elle était plus jeune, vers huit ou dix ans, elle me remerciait parfois de la traiter comme une personne dont les idées comptaient. Ce n'était pas toujours le cas entre ses amis et leurs parents, disait-elle. Mais l'escalade nous avait permis de franchir un nouveau cap. Elle en savait plus que moi, elle était bien meilleure et je voulais apprendre, j'avais confiance en elle. Ma dignité en avait pris un coup, certes, mais cela me paraissait moins important que de poursuivre ensemble sur la voie de cette nouvelle obsession.

Je détestais tomber, évidemment, même si Mollie, parfois lestée de sacs de sable gentiment fournis par les Cliffs, m'assurait corde tendue et ne me laissait jamais faire une chute de plus d'un mètre. Et, bien évidemment, j'adorais atteindre le sommet du mur pour hurler "Sec !". C'est le mot que vous devez prononcer afin d'indiquer à la personne qui vous assure qu'elle peut réduire la longueur de la corde. Vous avez réussi et vous vous en remettez à elle pour redescendre. J'essayais de ne pas avoir l'air trop triomphant quand je criais "Sec !"

car l'ambiance parmi les grimpeurs qui nous entouraient était plutôt feutrée. Pas de danse de la victoire. D'autant que j'empruntais les itinéraires les plus faciles. Mais quand je les eus tous faits, il fut temps de franchir un palier. Chaque parcours est classé selon son niveau de difficulté, et le niveau supérieur était bien plus complexe. Mes mains se fatiguaient à cause de l'effort et ma préhension faiblissait de manière pathétique. Je me surprenais à chercher de grosses prises, appelées “bacs”, dans lesquelles je pouvais glisser le poignet, ou même l'avant-bras, entre la paroi et la prise. N'importe quoi qui m'évite d'avoir recours à mes doigts. Je ne supportais pas de renoncer, de reconnaître que je n'étais pas à la hauteur et de faire signe à Mollie de me redescendre. Mais elle voyait bien ce qui se passait là-haut. Quand j'étais de retour sur le plancher des vaches, pendant que je me désharnachais, elle me disait : “Serre ma main !” J'essayais, mais j'avais à peu près autant de force qu'un chaton. Elle éclatait de rire. “Tu as des bouteilles !” Elle me donnait des petits coups du tranchant de la main sur l'avant-bras qui, à cet instant, devait avoir la consistance du ciment séché. Le problème ne venait pas de mes doigts mais de mes avant-bras, m'expliquait-elle. Ils étaient tétanisés, chargés d'acide lactique. Le sang ne circulait plus. C'était fini pour la journée.

La même chose arrivait à Mollie mais, apparemment, elle savait comment y remédier. Pendant que je l'assurais d'en bas, je la regardais gravir les itinéraires les plus difficiles en secouant régulièrement les mains, sans arrêt parfois, en alternance, pour favoriser la circulation, tandis qu'elle glissait la main dans son dos pour prendre de la magnésie dans le petit sac accroché à sa taille. Elle était beaucoup plus endurante que moi et ne paraissait jamais essoufflée. En vérité, elle devenait absurdement affûtée, mine de rien. Là encore, je m'en aperçus seulement lorsque le processus était déjà bien avancé. Les Cliffs possédaient une salle de musculation au-dessus des vestiaires, avec des poids, quelques machines, des tapis et un mur tapissé d'engins de torture pour les doigts appelés poutres d'escalade ou pans Güllich. Parfois, Mollie suggérait qu'on monte s'entraîner un peu avant de rentrer à la maison. Généralement, j'étais tellement fatigué que je pouvais à peine faire une pompe, mais nous y allions quand même et je faisais ce que je pouvais pendant qu'elle enchaînait un nombre effrayant de tractions en pronation (les plus difficiles), de crunchs bicyclette, de pompes rapides, de gainages, etc. Elle semblait maîtriser parfaitement la poutre d'escalade, qu'il faut parcourir en s'accrochant du bout des doigts. Ses mains et ses doigts devenaient atrocement puissants. Des muscles commençaient à ondoyer sur ses épaules, et son ventre de plus en plus plat et dur ressemblait à un gaufrier. Ma petite intello se transformait non pas en sportive décérébrée – il lui manquait encore le côté frime des vestiaires –, mais en petite athlète.

Depuis peu elle était devenue végane et cette nouvelle discipline alimentaire s'accordait à merveille (et tout naturellement) avec cette recherche de la forme physique. Comme à son habitude, elle avait renoncé discrètement à la viande et aux produits laitiers, sans même en parler avec Caroline ou moi. Mais du jour au lendemain, elle faisait ses courses et sa cuisine de son côté. Quand nous l'avions interrogée, elle nous avait répondu que ses motivations étaient éthiques. Apparemment, elle avait effectué des recherches sur l'élevage industriel et décidé qu'elle ne voulait plus le cautionner. Elle ne chercha pas à nous convertir ou à nous culpabiliser, mais je commençai à avoir honte d'avaler tous les hot-dogs ou tous les morceaux d'agneau savoureux qui croisaient mon chemin. En outre, Mollie avait appris, je ne sais où, un tas de choses sur la nutrition, et finalement elle devint notre référence en matière de gastro-entérologie.

Par ailleurs, elle améliorait nos connaissances dans le domaine de l'escalade : le vocabulaire, bien sûr, mais aussi les techniques, l'entraînement, l'histoire, les héros, les mythes. Je découvris qu'elle avait écrit, pour l'école, une dissertation dans laquelle elle comparait Warren G. Harding, le président des États-Unis, et Warren Harding, le grimpeur. Le président était un journaliste de l'Ohio, opposé aux intérêts des travailleurs. Le grimpeur était un vaurien qui buvait beaucoup et avait conduit la première ascension de El Capitan, la grande paroi de la vallée de Yosemite, en 1958. Lorsqu'il arriva au sommet, après quarante-cinq jours d'ascension, on le félicita d'avoir vaincu El Capitan. Harding répondit qu'au contraire il avait reçu une sacrée raclée, alors qu'El Cap, lui, semblait en pleine forme.

Plus près de nous, Mollie commençait à fréquenter certains habitués des Cliffs. Au début, j'avais du mal à faire le tri entre les gens de passage qui étaient uniquement là pour s'amuser avec des copains et les grimpeurs sérieux. Mais plus j'y passais du temps, plus ça devenait évident : certains étaient plus fluides, plus puissants, plus expérimentés, comme grimpeurs ou comme assureurs. Parmi les meilleurs duos, constatai-je, beaucoup parlaient français, italien ou russe. À l'évidence, l'escalade n'était pas juste une mode locale. Certains jeunes garçons grimpaient torse nu – j'y voyais une forme d'impertinence. Ils étaient tous secs et musclés, évidemment. Les haut-parleurs crachaient essentiellement du rock et du hip-hop. Entre les murs d'escalade s'étendait une sorte d'estran envahi de sacs à dos, de bouteilles d'eau, de smartphones et de chiens attachés à des poussettes par des mousquetons. Généralement, je semblais être le plus âgé, et par conséquent socialement invisible, ce qui m'allait parfaitement. Je ne voulais pas attirer l'attention sur ma technique pathétique. Je me souviens de Mollie montrant une fille aux cheveux noirs très courts et à la mine féroce et soucieuse. "C'est Elena, murmura-t-elle. Elle a fait les nationaux l'an dernier."

Voilà que Mollie parlait de compétitions d'escalade maintenant. Je ne le savais pas encore, mais elle prenait la même direction.

# III

# BL

OCS

À l'instigation de Mollie, nous avons commencé à faire du bloc. Comme je l'ai expliqué, il s'agit d'une forme d'escalade qui se pratique sans cordes. Et donc, c'était un peu comme quitter un colossal décor de comédie musicale, actionné par des machines, pour un plateau de théâtre nu. Mais je m'aperçus que le bloc offrait un environnement beaucoup plus intense. Si les murs étaient relativement bas, les parcours, signalés par des prises de couleurs différentes, se croisaient et se chevauchaient. Il n'existait visiblement pas de protocole pour déterminer qui pouvait grimper et qui devait attendre, pas de file d'attente, mais un essaim de personnes qui allaient et venaient, bavardaient et s'enduisaient les mains de magnésie, pendant que d'autres, en petits groupes, grimpaient, à bonne distance les uns des autres. Cela me rappelait le surf, le lineup au coude à coude, la hiérarchie qui s'établissait d'elle-même, librement – pour qui est cette vague ? –, et était redéfinie en permanence. Mais ici, l'ambiance et l'étiquette étaient beaucoup moins agressives, car débarrassées de la tension due à une ressource aussi limitée que les vagues. Certes, les gens étaient impatients de grimper, mais le mur ne risquait pas de disparaître. Lorsqu'un itinéraire se libérait, j'avais du mal à repérer les signes qui désignaient la personne suivante. En vérité, tout le monde était poli et respectueux. Non, non, après vous. Et si un grimpeur se retrouvait en difficulté, ceux qui étaient en bas l'encourageaient d'un “Allez, vas-y !” ou d'un “Tu vas y arriver !”. Tout cela dans une ambiance détendue. Un minimum de frime. Pas de danse de la victoire. J'étais impressionné.

La difficulté de chaque parcours était indiquée au niveau des premières prises, de V0, le plus facile, à V10, V11 et V12. Les niveaux les plus élevés paraissaient hors de portée, presque abstraits. Je dénichais les ascensions les plus simples, sur les portions les moins fréquentées, tandis que Mollie s'attaquait aux itinéraires les plus ardus. Mais je me surpris à être fasciné par certains grimpeurs : des petits groupes qui se relayaient sur les passages difficiles. Des jeunes hommes, principalement, qui me rappelaient ma jeunesse de surfeur : l'immersion totale, les blagues codées, la rivalité sous-jacente, les gamelles en dépit des efforts intenses. Se relever, secouer les bras – ou, à mon époque, revenir en pagayant –, et réessayer.

Je n'oublierai jamais le jour où je vis Mollie s'avancer pour prendre place dans un de ces groupes. Face à un mur très haut, doté d'un surplomb important, dont j'apprendrais plus tard qu'il était surnommé le Mur 45, car il formait un angle à quarante-cinq degrés par rapport au sol, bien au-delà de la verticale. Une bande de gars s'attaquait au "problème", c'est comme ça qu'on dit : un "problème de bloc". C'étaient tous de bons grimpeurs, me semblait-il, pourtant aucun n'approchait du sommet. Je doutais que quelqu'un réussisse à "envoyer" ce parcours, un terme de jargon qui signifie atteindre le sommet sans tomber, régler le problème autrement dit. Les prises jaunes étaient minuscules, orientées de manière improbable et très éloignées les unes des autres. Le départ était bas, horizontal, presque couché. Certains grimpeurs décollaient à peine du sol.

Choisissant son moment, Mollie s'avança. Je ne m'étais pas aperçu qu'elle était spectatrice, elle aussi. Il me sembla que tout le monde retint son souffle lorsque cette gamine maigrichonne monta sur le ring, mais c'était sans doute le fruit de mon imagination. Assurément, elle offrait un contraste saisissant avec tous ces types aux corps noueux, entièrement tatoués, âgés d'une vingtaine d'années pour la plupart, qui travaillaient sur cette ascension, qui la "projetaient", comme disent les grimpeurs. Mollie s'avança discrètement, mais pas timidement, dans l'ombre du mur.

Assise par terre, elle étudia les prises de départ, en orientant les mains dans un sens puis dans l'autre, dénicha une prise de pied, se cambra et s'approcha du mur, tranquillement. Elle attaqua alors l'ascension, en se contorsionnant et en se balançant ; sa queue-de-cheval dansait, ses longs bras pâles supportaient son poids sans peine. On aurait presque pu croire qu'elle empruntait un itinéraire différent des garçons, tant son approche était plus légère, plus précise, plus cérébrale, plus gracieuse. Ses petits doigts se refermaient comme des pinces sur les minuscules prises appelées *crimps* ou réglettes. À un moment donné, elle s'arrêta, perplexe, puis revint en arrière, changea la position de ses pieds et repartit. Au moment où elle franchissait la corniche et sortait de l'ombre, ses deux pieds se décollèrent subitement du mur. Elle se retrouva suspendue dans le vide, à quatre mètres du sol peut-être, retenue uniquement par les mains, luttant pour essayer de se hisser : elle ne donnait plus la même impression de facilité. Elle balançait ses jambes sur le côté, à tâtons, pour essayer de trouver une prise sur la paroi extérieure, au-dessus de la corniche, et elle parvint enfin à coincer son talon sur une petite prise au niveau de ses yeux. Cela sembla la stabiliser. Elle secoua son bras tétanisé et poursuivit son ascension sur le mur extérieur, moins en surplomb, mais toujours fortement incliné. Elle passait rapidement d'une prise à l'autre, maintenant. Finalement, en exécutant un grand arc de cercle avec son pied, elle bondit sur l'ultime prise, et la saisit à deux mains.

Je retins difficilement un cri de joie.

Un des types à côté de moi lâcha avec respect : "Joli !"

Mollie demeura suspendue quelques secondes, puis redescendit de quelques prises et, après avoir évalué la hauteur, elle se laissa tomber sur le sol et se reçut en position accroupie. Elle s'éclipsa, sans regarder personne. Elle venait de réaliser un exploit, en toute objectivité. Elle aurait pu taper dans la balle, lancer le micro, tout ce que vous voulez, mais apparemment, elle ne voulait pas humilier qui que ce soit. Le cool des grimpeurs, l'étiquette des grimpeurs. Les garçons se remirent au travail. Je les entendis s'admonester gentiment. "On est obligés d'y arriver maintenant."

À bien des égards, c'était un spectacle absurde. Tous ces New-Yorkais qui se démenaient pour gravir des murs parsemés de morceaux de plastique multicolores. Après une vie passée sur un surf, j'avais une certaine expérience de la recherche perfectionnée de la futilité, mais ces gens prenaient-ils du plaisir ? Il flottait autour de certains grimpeurs des Cliffs une indéfectible atmosphère de développement personnel. C'était un travail physique dur, surtout pour les doigts, épuisant de manière générale, et l'éthos, la règle, si j'avais bien compris grâce à Mollie, c'était de ne pas choisir des itinéraires que vous étiez sûr de pouvoir finir.

“NE PAS CHOISIR DES ITINÉRAIRES QUE VOUS ÉTIEZ SÛR DE POUVOIR FINIR.”

Ça ne se faisait pas. C'était minable, sauf à l'échauffement. L'idée, c'était de projeter des ascensions que vous n'étiez pas certain de réussir, des ascensions qui, au mieux, exigeraient un long examen et testeraient vos limites. Autrement dit, l'échec et la frustration étaient des compagnons omniprésents chaque fois que vous grimpiez. Vous n'étiez pas censés prendre plaisir à faire des choses trop faciles pour vous. Je trouvais ça étrange. Encore plus pervers à mes yeux : plus vous progressiez, plus les prises étaient difficiles. Ce n'était pas juste une impression de débutant intimidé. Les grimpeurs étudiaient les parcours ensemble et partageaient des informations, qu'ils appellent beta. Dans un club d'escalade, il s'agit de la première forme d'interaction sociale : l'échange de beta.

"Elle est comment, cette prise là-haut ?

– Euh... moins dure qu'il y paraît.

– Ah, OK. Alors, peut-être que je peux continuer en partant de là.

– Ouais, possible."

Une ascension avec de bonnes prises faciles vous rapporte peu de points. C'est rationnel, logique, mais quand vous êtes au beau milieu d'une ascension, ce que vous *ressentez* n'a rien de rationnel : vous espérez juste trouver une bonne prise. Hélas, seule une prise difficile, ou un parcours plein de prises difficiles, mérite le respect. Il en va de même dans tous les sports, évidemment – la manœuvre la plus compliquée rapporte le plus de points ; l'adversaire le plus coriace, la vague la plus intense, voilà ce que vous recherchez. Mais l'escalade est une activité si élémentaire – vous combattez la pesanteur, la peur de tomber – qu'il est très difficile, je trouve, de *souhaiter* une prise difficile, minuscule, lorsque vous en bavez, uniquement par goût du défi. C'est aussi plus douloureux. Au début, je n'avais pas bien compris que progresser en escalade, cela voulait dire, entre autres choses, apprendre à supporter la douleur, notamment dans les doigts. Pourtant il s'agit bien de ça. Dans mon modeste cas, j'ai commencé à m'améliorer lorsque j'ai accepté cette réalité. Quand mes doigts ont commencé à me faire mal, ou du moins à paraître enflés et bizarres presque en permanence.

Et puis, alors que je m'interrogeais sur le masochisme grossier de l'escalade, je voyais des groupes de jeunes gamins, des écoles ou des centres aérés, tous vêtus du même T-shirt, débouler aux Cliffs et escalader les murs, généralement dans l'annexe où on pratiquait l'auto-assurage ou sur de petites dalles à l'étage, survoltés à l'idée de pouvoir grimper sur quelque chose, donnant des crises de tachycardie à leurs professeurs. Dans ces instants, la joie élémentaire prenait le dessus. Escalader un mur, gravir une surface verticale : un pur plaisir de singe. Moi-même, je la sentais, cette attirance primitive. Les murs ressemblaient à de gros aimants, auxquels réagissait ma chimie psychique.

# CENT

# IV

RAL
PARK

Puis vint l'attrait des vrais rochers. Mollie et moi nous sentions prêts à sortir du gymnase. Nous avions appris qu'on pratiquait l'escalade de manière plus ou moins autorisée à Central Park, dans un endroit baptisé Rat Rock. D'après ce que nous indiquaient nos téléphones, le lieu en question se trouvait dans le quart sud-ouest du parc, près des terrains de softball où je jouais autrefois. Nous avons fini par découvrir quelques gros rochers sales et isolés, typiques du soubassement de Manhattan. "C'est là", déclara Mollie. Elle montra des traînées blanches sur la façade rocheuse noire, à un peu plus de deux mètres du sol. D'après elle, il s'agissait de traces de magnésie.

Nous avions apporté un crash pad : un fin matelas de mousse de la taille d'un lit une place, muni de bretelles pour le transport. Je l'étalai au pied de Rat Rock, pendant que Mollie repérait les itinéraires. Il faisait froid en cette fin d'automne, et la pierre était tranchante. Mollie identifia quelques problèmes simples et les gravit, pendant que je l'assurais, tant bien que mal. Ma tâche ne consistait pas à la rattraper réellement, mais plutôt à la guider, en cas de chute incontrôlée, pour qu'elle retombe sur ses pieds sur le crash pad, et non sur la tête. Dieu soit loué, elle ne faisait jamais de chute incontrôlée. Quand elle s'attaquait à un problème plus ardu et ne trouvait pas de prise, elle sautait sur le crash pad, souriait et soufflait sur ses doigts en disant : "Ouille." Bon, d'accord, ce n'étaient pas vraiment les grands espaces. Mais c'était de la vraie pierre. Et les prises n'étaient pas signalées par des couleurs d'école maternelle. J'essayai quelques itinéraires simples, assuré par Mollie qui m'indiquait les bacs et les verticales. J'étais intimidé. La pierre était très froide, très tranchante et le crash pad beaucoup trop fin. Difficile d'imaginer que d'autres personnes faisaient de l'escalade ici. Pourtant, toujours d'après nos téléphones, les problèmes de Fat Rock possédaient des noms super chouettes, du style Tweaky Shit ou Nipple Twist. Parfaitement en adéquation avec le décor. Nous sommes partis en quête d'un autre site : Cat Rock. Plus à l'est, normalement, près du zoo. Nous l'avons déniché au milieu des fourrés. Il était plus haut, dans les cinq mètres, et moins crasseux que Rat Rock. Là encore, il y avait des traces de magnésie, mais personne dans les parages. Mollie avala deux parcours, en se servant d'une arête qui suivait un côté de la paroi principale. Elle grimpa prudemment jusqu'au sommet puis, après avoir effectué un rétablissement par-dessus le rebord, elle disparut, à la recherche d'une voie pour redescendre. J'étais abasourdi, je l'avoue. Elle était si sûre d'elle, si forte, face à ces problèmes douteux, dans cet endroit douteux, avec un assureur douteux. Mais elle semblait aux anges, et je remarquai qu'elle ne me proposa pas de faire une tentative sur Cat Rock.

Ensuite, nous sommes partis à la recherche de Chess Rock, qui était en réalité une large formation basse située sous la vieille Chess & Checkers House. Là, il y avait deux ou trois itinéraires faits pour moi. Le beau granit gris, éclairé de plein fouet par le soleil de l'après-midi, était chaud sous mes mains. Un jeune couple transportant un crash pad apparut. Nous n'étions donc pas les deux seuls grimpeurs outdoor à New York. Le garçon arborait des dreadlocks, la fille portait un pantalon de pyjama tie and dye. Ils sortirent des chaussons d'escalade de leurs sacs et commencèrent à parler beta avec Mollie. Puis tous les trois s'attaquèrent à un ou deux passages un peu plus difficiles. Chess Rock était un ensemble rocheux si bas et relax que Mollie n'avait pas besoin d'être assurée, alors j'allai m'asseoir dans l'herbe un peu plus bas. De là où je me trouvais, je la regardai d'un air somnolent danser sur la paroi de granit en suivant les fines entailles dans la pierre. Aurais-je dû culpabiliser d'être ainsi couché dans l'herbe, un après-midi de semaine, comme un clochard, au lieu de travailler ? La vérité, c'était que je m'estimais chanceux. Quelle était donc cette chose obscure que nous avions découverte par hasard, et à laquelle nous avions tous deux succombé ? Cela ressemblait à un cadeau. Impossible de dénombrer toutes les joies qu'il me procurait.

Mollie et moi avons toujours pris plaisir à traîner ensemble. Quand elle était petite, c'était ma mini-acolyte. Elle avait un siège à l'arrière de mon vélo et ensemble nous parcourions la ville. À la maison, nous imaginions que le canapé était un bateau, à bord duquel nous voyagions à travers le monde. Je lui faisais la lecture et, après que Caroline lui avait appris à lire toute seule, nous prîmes l'habitude de nous pelotonner l'un contre l'autre pour bouquiner ensemble. Nous avions nos coins préférés dans Riverside Park – notre véritable jardin –, au bord de l'Hudson. Mollie adorait être dehors – elle aimait mieux pique-niquer que manger au restaurant, dormir sous la tente que dans un

"FAIRE DE L'ESCALADE, C'ÉTAIT COMME
RÉSOUDRE DES ÉNIGMES."

motel –, et elle avait presque toujours gain de cause. Même lorsqu'il pleuvait et ventait, et que la tente faisait peine à voir, ses parents, pathétiques, ne savaient pas dire non. Moi en tout cas. Elle aimait les casse-tête et les jeux de lettres, et pour mon anniversaire, elle m'offrait des mots-croisés de sa composition que j'étais le seul à pouvoir faire car les définitions et les réponses étaient des blagues entre nous, des allusions à des moments partagés, des choses qui nous avaient fait rire et que personne d'autre ne pouvait comprendre.

Faire de l'escalade, songeais-je, c'était comme résoudre des énigmes. Cela nécessitait de la logique, de la persévérance et de l'intuition. J'avais entendu dire qu'un grand nombre de grimpeurs étaient diplômés en mathématiques, ce qui ne m'étonnait guère. Mollie était bonne en maths. Elle aimait réfléchir de manière approfondie et claire. Je l'observai pendant qu'elle discutait avec les autres jeunes à Chess Rock, pour appliquer ensuite leurs idées, leurs hypothèses, à la paroi de granit.

Les autres grimpeurs finirent par s'en aller. Mollie découvrit alors une traversée qui faisait toute la longueur du rocher, en biais, à cinquante centimètres du sol, mais sans la moindre prise apparente. Elle progressait lentement, collée à la paroi, en utilisant n'importe quelle prise pour les pieds, orteils crispés, exécutant des ciseaux avec ses jambes, au rythme de ses mains, en équilibre, toujours en équilibre, centimètre par centimètre, jusqu'au bout. Et retour. C'était devenu, constatai-je, une de mes activités préférées : regarder Mollie grimper. Elle était tellement concentrée sur sa façon de bouger, de lire la paroi, de résoudre le problème. De loin, lorsque tous les efforts devenaient invisibles, elle paraissait éthérée, gracieuse. Arrivée à la fin de la seconde traversée, elle sauta sur le sol, se retourna et, une main en visière au-dessus des yeux, me chercha du regard. Quand elle me vit, elle me fit signe, pouces levés, et m'adressa un sourire éclatant.

# V

# COMPÉ

TITION

Les Cliffs possédaient une équipe de compétition pour les jeunes. À mon grand étonnement, Mollie postula pour en faire partie. Je m'abstins de toute réflexion sur le tribalisme abrutissant des compétitions organisées, et je fus presque aussi heureux qu'elle lorsqu'elle fut acceptée dans l'équipe.

L'organisation était très différente de celles des autres clubs sportifs de jeunes que j'avais pu connaître : base-ball, soccer, natation. Les parents restaient sur la touche. Ils prenaient notre argent, évidemment, mais nous n'étions jamais invités officiellement, nous ne rencontrions jamais les autres enfants ni leurs parents, nous ne savions même pas qui étaient les entraîneurs. J'avais l'impression que Mollie avait rejoint une secte secrète, avec ses rites, sa hiérarchie et son langage propres, jamais expliqués aux personnes extérieures. Les entraînements avaient lieu quatre fois par semaine et se déroulaient aux horaires d'ouverture au public, de sorte qu'à moins de savoir où vous deviez regarder vous ne voyiez pas vraiment l'équipe au travail. Mais il y avait des jeunes grimpeurs qui s'attaquaient aux parcours les plus durs et qui, au lieu de se reposer après une ascension, enchaînaient avec le parcours suivant, sans poser le pied au sol. Ils appelaient ça : "faire des tours". Ils effectuaient de longs joggings tous ensemble le long du fleuve, des exercices physiques éprouvants dans la salle de musculation et travaillaient sur des techniques avancées : coincements de genoux, aplats, mouvements d'explosivité ou "dynos". Parfois, Mollie se plaignait des exercices physiques trop violents, mais ses lamentations sonnaient faux. Elles ne parvenaient pas à cacher le fait qu'elle adorait les escalades difficiles, et qu'elle aimait tout autant faire partie de l'équipe.

Les compétitions se déroulaient le samedi dans des salles d'escalade situées dans des villes comme Poughkeepsie ou New Rochelle dans l'État de New York, Fairfield dans le Connecticut, Chatham dans le New Jersey, ou à Long Island. J'essayais de n'en manquer aucune. La première moitié de la saison était consacrée aux blocs, et l'organisation des compétitions au niveau local était chaotique. Deux cents gamins devaient choisir entre plusieurs dizaines d'itinéraires, du plus facile au tout sauf facile. Ils disposaient de trois heures pour terminer les cinq problèmes les plus ardus dont ils étaient capables, et plus le parcours était compliqué, plus il rapportait de points. À l'évidence, il fallait établir une stratégie, mais dans l'ensemble, les gamins cavalaient d'un problème à l'autre et faisaient la queue devant les parcours les plus appréciés pour essayer d'emmagasiner des points. Des représentants de la Fédération américaine d'escalade tentaient de maintenir l'ordre et de consigner les résultats, tandis que les parents, largement surpassés en nombre, cherchaient à se tenir à l'écart. Beaucoup allaient se terrer le plus loin possible de ce vacarme, avec leur téléphone ou un journal.

L'ambiance de ces compétitions était festive. Les gamins donnaient tout ce qu'ils pouvaient et s'ils s'affrontaient, ils étaient enthousiastes face aux efforts des autres, y compris ceux qui ne faisaient pas partie de leur équipe. C'était une version de la coolitude du grimpeur : aucune danse de la victoire, pas de poings brandis, mais beaucoup de checks entre petits poings. Tout cela semblait convenir parfaitement à Mollie. Nullement perturbée par la cacophonie ambiante, elle grimpait bien, ne donnait jamais l'impression de céder à la nervosité et acceptait ses échecs sans sourciller. Je vis quelques enfants se fâcher après des chutes décevantes, mais c'était l'exception. La plupart s'éclataient. Ces gymnases étaient clairement moins urbains que les Cliffs. Plus petits, ils accueillaient principalement des enfants du coin. De fait, ces salles étaient fermées au public durant les compétitions. Une chose inenvisageable aux Cliffs.

Je ne me terrais pas dans un coin avec un journal. Je voulais voir Mollie grimper et, parfois, quand elle en bavait et que, sous la pression, elle réussissait malgré tout à atteindre le sommet d'un problème super difficile, j'avais peur que mon cœur éclate. Comment avions-nous pu élever une créature aussi magnifique ? Mollie et Caroline, qui avait assisté à quelques compétitions, se moquaient de mon ravissement. À la fin des trois heures, j'étais déçu. Indifférent à la fatigue de Mollie. En vérité, inspiré par ce spectacle, j'avais pris l'habitude d'apporter mes chaussons, dans l'espoir de pouvoir escalader un ou deux problèmes quand les gamins auraient terminé. Hélas, cela n'arriva jamais, et le jour où Mollie les découvrit dans mon sac à dos, elle éclata de rire. Pour elle, il ne faisait aucun doute que j'étais le seul parent qui apportait ses chaussons d'escalade dans une compétition réservée aux jeunes. Elle laissa entendre que j'étais fou à lier, mais ce n'était pas grave, disait-elle, elle s'en fichait.

Pour une nouvelle venue dans les compétitions d'escalade, Mollie se débrouilla étonnamment bien. Après les compétitions locales vinrent les compétitions régionales, dans lesquelles Mollie se classa suffisamment bien pour accéder à la division de Nouvelle-Angleterre. L'étape suivante, c'étaient les championnats nationaux. Mais passé le stade des compétitions locales, l'atmosphère devint plus sérieuse, et le format changea. Il n'y avait plus que quatre ou cinq ensembles de problèmes, auxquels s'attaquait chaque concurrent. En outre, les enfants ne pouvaient entrer dans le gymnase qu'au moment de grimper. Ils étaient gardés à "l'isolement". Ceci afin de les empêcher de récolter des beta. On leur confisquait même leur téléphone, de crainte que des parents sournois leur envoient des photos ou des infos. Quand ils sortaient d'isolement, l'un après l'autre, on les faisait d'abord asseoir dos aux problèmes. Et à partir du moment où ils avaient le droit de se retourner pour découvrir le premier parcours, ils disposaient de quatre minutes pour essayer de l'envoyer. Je trouvais ces manœuvres et ce suspens un peu excessifs. Difficile de savoir ce qu'éprouvaient les gamins. En attendant d'être autorisée à découvrir le parcours, Mollie se livrait parfois à une imitation parodique d'une adepte du yoga qui tentait de contrôler sa respiration et de trouver la paix intérieure, sans oublier de former un cercle avec son pouce et son index. Mais aussitôt après, elle grimpait rageusement et raflait des points. Bien entendu, les épreuves se corsaient à chaque nouvelle étape.

Et, inévitablement, certains parents commençaient à se surinvestir. Nous n'étions pas autorisés à crier des encouragements pendant que nos enfants grimpaient, pour des raisons d'équité. Malgré tout, certains parents combattaient cette interdiction. Ainsi, le père d'un des équipiers de Mollie reçut plusieurs fois l'ordre de se taire, et il faillit provoquer la disqualification de son fils. L'incident eut lieu lors des régionales. Ce soir-là, nous les avons ramenés tous les deux à New York en voiture. Le père était toujours remonté et son fils, gêné, était assis à l'arrière avec Mollie. Il ne disait pas un mot. Il s'était bien débrouillé et lui aussi était qualifié pour les championnats de division. Pourtant, son père annonça qu'il envisageait de lui faire pratiquer un autre sport, dans lequel il aurait peut-être l'occasion de briller davantage. J'aimais bien ce père, un menuisier syndiqué du Bronx, un Latino, très drôle. Il était conscient d'en faire trop. Mais il voulait le meilleur pour son fils, et lui-même avait toujours eu l'esprit de compétition. Il ne pouvait pas s'empêcher de vivre à travers son enfant. Je lui avouai que je m'étais mis à l'escalade, moi aussi. Il me jaugea du regard. Vraiment ? Je sais que je paraissais (et étais réellement) beaucoup trop vieux pour réaliser des prouesses, lui dis-je, mais j'adorais ça. Il rit, sans méchanceté. “Vous vous contentez des V0, hein ?” Aïe. Hélas, il n'était pas loin de la vérité. Lui dire que j'escaladais aussi quelques V1 et V2 n'aurait pas changé l'opinion qu'il avait de moi.

Mollie n'atteignit pas le championnat national de blocs. En revanche, elle fut qualifiée pour l'escalade sportive, au niveau de la division, et nous nous sommes rendus à Randolph, dans le Massachusetts. À ce stade, le format de la compétition possède un petit côté mort subite. C'est de l'escalade en tête, pas de la moulinette, et si vous tombez, vous êtes éliminé. Il n'y a pas de seconde chance. Mollie démarra très fort, mais commit une erreur : elle dépassa un mousqueton et chuta en essayant de s'attacher ensuite. Terminé. Elle paraissait déçue, mais pas anéantie. J'étais même un peu choqué de la voir si bien réagir. Sans doute se consolait-elle en constatant que c'était sa première saison et qu'un tas d'autres filles à ce niveau pratiquaient l'escalade depuis qu'elles étaient toutes petites.

L'escalade en salle est une dicipline relativement récente. Aux États-Unis, la première s'est ouverte en 1987 seulement, à Seattle. Mais ce sport a connu un boom ces dernières années et, aujourd'hui, beaucoup d'enfants commencent jeunes. Certaines des filles sélectionnées pour les championnats nationaux évoluaient carrément dans une autre catégorie. Elles avaient des entraîneurs particuliers, pour certaines, et une technique impressionnante.

L'une d'elles (elle avait le même âge que Mollie et, par conséquent, elles s'affrontaient régulièrement) était une catégorie à elle seule. Elle s'appelait Ashima Shiraishi. Elle vivait à New York avec ses parents et s'entraînait parfois aux Cliffs, mais elle n'appartenait à aucune équipe. Ashima était la championne du monde en titre dans sa catégorie d'âge, en bloc et en escalade sportive, et elle commençait déjà à remporter des opens contre des grimpeurs professionnels adultes. Pourtant, le domaine de prédilection d'Ashima, ce n'était pas tant l'escalade en salle ou l'escalade de compétition que le bloc en extérieur. Récemment, elle avait envoyé un problème de caverne V15 au Japon. Elle était la première femme à avoir jamais gravi un V15 et, à quatorze ans, la plus jeune également.

Quand vous réussissez un itinéraire que vous voyez pour la première fois, on appelle ça un flash. Je crois qu'Ashima a flashé tous les problèmes quand je l'ai vue grimper en compétition. Sa force et sa souplesse sont hors norme, sans parler de son intelligence. Je l'ai vue se retourner face à un problème et passer plus de la moitié des quatre minutes autorisées à étudier le mur, en tournant ses mains dans tous les sens. Il s'agissait parfois d'une ascension que personne n'avait réalisée dans la journée. Tête de série numéro un, elle passait la dernière. Elle seule restait clouée au sol pendant plus de deux minutes afin d'étudier le parcours. Après quoi, elle s'enduisait les mains de magnésie et elle grimpait, vite, avec aisance, et lorsqu'elle atteignait le crux – le passage le plus difficile d'un problème, la manœuvre que personne n'avait réussie –, elle faisait une chose si originale, si contre-intuitive, qu'elle parvenait au sommet sans que quiconque (pas moi en tout cas) comprenne ce qui venait de se passer.

Je redoutais un peu l'effet que pouvait avoir sur Mollie cette confrontation avec Ashima. Mais Mollie semblait y voir un honneur. L'équivalent d'une leçon de piano avec Mozart. La regarder grimper, me dit Mollie, l'aidait à comprendre qu'il était possible de réaliser des choses incroyables.

Ashima est une marque mondiale. Vous pouvez acheter les chaussons Ashima. Son père, un ancien danseur, l'entraîne. Sa mère lui confectionne ses vêtements, y compris le pantalon de pyjama avec lequel elle grimpe. Je me souviens d'être tombé sur son père, surnommé Poppo, devant un gymnase à Glastonbury, dans le Connecticut, où étaient organisés les championnats de division. C'était l'hiver, il était seul et faisait les cent pas en tirant rageusement sur sa cigarette : une vraie boule de nerfs. C'est un type presque septuagénaire, petit, en forme, avec des cheveux blonds peroxydés en épis. J'avais envie de le saluer, mais j'ai décidé de ne pas interrompre sa concentration. Entraîner sa fille, ce doit être un enfer. L'été précédent, pendant la préparation des nationaux d'escalade sportive en Géorgie, Poppo assurait Ashima et, on ne sait comment, il l'avait laissée faire une chute de treize mètres de haut. Elle avait atterri sur le crash pad, sur le dos. Hospitalisée immédiatement, elle s'en était tirée avec quelques gros hématomes et des courbatures dans tout le corps, après plusieurs heures passées aux urgences. Une semaine plus tard, elle avait défendu son titre avec succès au niveau national. Mais cet accident me hantait, comme tous les parents dont les enfants pratiquaient l'escalade et qui en avaient entendu parler, je suppose. Était-il si facile de commettre une erreur de manipulation et de laisser son enfant chuter d'une telle hauteur ?

La compétition faisait partie des projets de Mollie, assurément – elle se réjouissait d'appartenir à l'équipe des Cliffs et elle s'était fait de très bons amis là-bas –, mais ce n'était pas la raison principale de son amour pour l'escalade, pensais-je. Si elle avait un objectif, ce n'était pas de battre tout le monde et d'aller aux Jeux olympiques. Sans doute qu'elle n'avait pas de but précis. Je n'en ai jamais eu quand je faisais du surf. Dans mon cas, c'étaient plutôt des visions, de gros morceaux d'océan tourbillonnants ; dans le cas de Mollie, c'étaient des falaises, des murs et des montagnes qui la poussaient vers l'avant. Je ressentais suffisamment cette même envie d'escalade pour suivre le mouvement, avec une joie authentique, sinon ridicule. Je n'avais aucun but, assurément, quand il s'agissait d'escalade, si ce n'est de donner tout ce que je pouvais, aussi longtemps que je pouvais.

# LES

# GU

# VI

# NKS

C'était comme entrer dans une secte salubre. Désormais, où que nous allions, nous emportions nos chaussons d'escalade et, généralement, nous trouvions quelque chose, quelque part, à gravir. Alors que nous fêtions Thanksgiving avec ma famille à Los Angeles, Mollie et moi ne cessions de filer en douce dans un gymnase de West Hollywood. C'était un drôle de lieu, entièrement consacré au bloc, où l'on trouvait des tenues, des physiques et des tatouages destinés visiblement à impressionner, mais aussi quelques bons grimpeurs. Mollie se lança dans un projet de redoutable dièdre avec un groupe de gars plus démonstratifs les uns que les autres et, finalement, elle fut la première à l'envoyer, sous un tonnerre d'applaudissements à l'ancienne. Elle essaya ensuite de me coacher sur un autre dièdre beaucoup plus simple, que je n'ai jamais réussi. Ce qui me contrarie aujourd'hui encore car je suis sûr que j'y arriverais maintenant. Berkeley, Capetown, New Paltz, New York, quand il faisait trop froid pour grimper en extérieur, nous trouvions toujours un gymnase. Qu'il s'agisse d'installations flambant neuves ou de cavernes qui auraient pu se trouver dans le garage d'un particulier. Mais tous ces endroits dégageaient la même odeur : la puanteur des chaussons d'escalade.

Nous cherchions également d'autres sites en extérieur. Le meilleur, à proximité de New York, c'est Shawangunk Ridge, dans le nord des Catskills, une chaîne de montagnes surnommée les Gunks, à la sortie de New Paltz. Il y a des blocs intéressants dans ce coin, et nous les avons explorés, mais les Gunks sont surtout réputés pour ce qu'on appelle l'escalade traditionnelle, "le trad" : de l'escalade sportive sans pitons à expansion. Le grimpeur de tête transporte le matériel autour de la taille et coince soigneusement des bicoins, des cales et des cames à ressort dans les fissures qui paraissent adaptées, avant d'y fixer un mousqueton dans lequel il passe une corde afin de créer un point d'assurage en cas de chute. Tout cela en étant assuré d'en bas, évidemment. Le dernier de cordée récupère le matériel en passant, tout en étant assuré d'en haut, évidemment. Rien ne reste sur la paroi. La descente s'effectue souvent en rappel, à l'aide d'une corde fixée à un relais solide que vous avez déniché ou construit vous-même au sommet. Pour ce type d'escalade, il nous fallait un guide, à l'évidence, et nos pas nous menèrent à Simeon Heimowitz, un grimpeur costaud, affable et expérimenté qui travaille essentiellement dans les Gunks. C'est Sim qui nous a initiés au plaisir de gravir des falaises dans une zone fortement boisée appelée les Trapps.

Rien à voir avec l'escalade en salle, naturellement. Tout d'abord, la pierre ne ressemble pas du tout à un mur créé par l'homme. Les falaises des Gunks sont du conglomérat de quartz, qui possède beaucoup plus de grain et de caractère que n'importe quelle paroi artificielle ; il y a plus de petits détails à étudier, à palper, quand vous cherchez une voie. Je dois avouer que cette densité sensorielle m'a paru un peu perturbante les premières fois que nous avons escaladé de vraies montagnes. Sim suggérait des itinéraires, donnait des instructions et partait devant pour équiper la paroi, assuré par Mollie. Celle-ci semblait la plus aguerrie de nous deux (peut-être avait-elle fait plus d'ascensions

“GRIMPER LENTEMENT
À TRAVERS PUIS AU-DESSUS DE LA CIME
DES ARBRES, SOUS LE SOLEIL.”

en extérieur dans le Vermont que je le pensais), alors que je devais produire un gros effort de concentration pour comprendre ne serait-ce que la moitié de ce qui était en train de se passer. Toutes ces cordes, ces baudriers, ces élingues et ces assureurs, ces nœuds doublés, ces notions de physique, ces mesures de sécurité se mélangeaient dans ma tête. Je me réjouissais de n'avoir aucune responsabilité, si ce n'est faire ce qui était juste devant moi.

En revanche, j'adorais grimper. Les falaises des Trapps offraient un grand nombre de fissures horizontales bien pratiques, et les itinéraires, s'ils paraissaient immenses et imposants, étaient assez faciles. Au début, du moins. Je confondais tous leurs noms. On est sur le Snooky's Return, ou bien c'était l'autre ? Mais le fait de grimper lentement à travers puis audessus de la cime des arbres, sous le soleil, et ensuite, en arrivant au sommet à trente mètres du sol, de me détendre, après avoir reçu l'autorisation de m'asseoir sur une corniche, toujours attaché, pour découvrir cette vue enchanteresse sur la vallée de l'Hudson, à l'ouest, était tout simplement grisant. Il y avait d'autres grimpeurs dans les parages – nous avions aperçu quelques petits groupes ici et là en chemin –, mais tout là-haut, nous avions l'impression d'être rien que tous les trois dans ce paradis végétal et gazouillant, affublés de nos casques ridicules. Mes avant-bras étaient à peine tétanisés. Et Mollie paraissait au moins aussi ravie que moi. J'avais le sentiment que nous nous rapprochions de ce que l'escalade pouvait représenter pour elle.

Sim voyait bien, évidemment, que c'était une grimpeuse coriace que rien n'avait pu vaincre jusqu'à présent, et lorsque je suggérai qu'ils essaient, elle et lui, quelque chose de plus intéressant, il demanda : “Qu’est-ce que tu en penses, petite ?” Mollie était enthousiaste, et après que je lui eus accordé ma bénédiction, ils attaquèrent une escalade en plusieurs longueurs qui comportait de gros affleurements, des “toits” comme on dit, durant les trente premiers mètres et Dieu sait quoi ensuite. Je les regardai partir, Sim en tête. Il était méthodique, très fort, et affublé de petits pieds délicats, incongrus pour un grimpeur de cette corpulence. Dès qu’un cri venant d’en haut lui annonça qu’elle était assurée, Mollie m’envoya un baiser et démarra. Tendue et précise, elle récupérait tout le matériel dans les fissures au passage. Nul doute que mon cœur battait plus fort que le sien tandis que je la voyais se hisser par-dessus les toits et disparaître. Une escalade en plusieurs longueurs, ça veut dire grimper jusqu’à un point d’assurage plus élevé, remonter sa corde et continuer à gravir la montagne. Ils seraient absents au moins deux heures.

Nous nous investissions de plus en plus dans cette activité, assurément. La complexité des calculs de mathématiques ou de physique appliquée à l’escalade en extérieur augmentait de manière exponentielle, bien plus que tout ce que j’avais pu voir en salle. Le simple fait de calculer la charge potentielle de différents types de chutes sur les différentes sections d’une corde, un élément de survie vital, était plus que n’en pouvait supporter mon pauvre cerveau.

Je dénichai un renfoncement dans la roche, au pied des falaises, d’où je pus espionner trois grimpeurs d’un certain âge qui se relayaient, lentement, sur une paroi courte de moyenne difficulté, tout en échangeant des ragots sur leurs voisins. Quelqu’un avait acheté un

"J'AVAIS LE SENTIMENT QUE NOUS NOUS RAPPROCHIONS DE CE QUE L'ESCALADE POUVAIT REPRÉSENTER POUR ELLE."

jacuzzi. Les flics avaient débarqué chez un autre. De toute évidence, ils étaient du coin. J'avais l'impression d'écouter des gens venus de n'importe où, à cette différence près que leur conversation était émaillée de jargon de grimpeurs. "Le pied gauche plus haut." "On va voir si tu peux grimper en opposition !" L'un d'eux buvait de la bière. Il y avait parmi eux une femme de petite taille, râblée, qui était obligée d'établir son propre itinéraire car elle ne parvenait pas à saisir les prises habituelles. C'étaient des grimpeurs compétents, quadragénaires ou quinquagénaires, pas très en forme. Leur matériel paraissait usé et ils abrégeaient pas mal de procédures de sécurité ("Assuré ?" – "Assuré !" – "C'est parti ?" – "C'est parti !") et pourtant, ils semblaient grimper sans prendre de risques. À l'évidence, ils ne cherchaient pas à en baver, ni à s'exposer véritablement. S'exposer, c'est le terme passe-partout qu'emploient les grimpeurs pour dire "prendre des risques". Pourtant, ce petit groupe fut pour moi une révélation. Je n'avais encore jamais rencontré des gens comme eux dans le monde de l'escalade : des gens qui n'avaient rien à prouver. Une bande d'amis qui s'attaque à une paroi pendant deux ou trois heures. Sans doute avaient-ils repoussé leurs limites autrefois, ailleurs, mais aujourd'hui, ils grimpaient pour se faire plaisir, être ensemble, se dépenser un peu, et pour profiter d'un moment de sérénité dans la forêt. Ils semblaient connaître la plupart des personnes qui passaient sur le chemin au pied de la falaise. Un des trois, songeai-je, était probablement Snooky, celui du "Retour de Snooky". Il y eut un peu de chahut au milieu des arbres, d'autres ragots échangés, on alluma un joint. Puis un des grimpeurs annonça qu'il devait aller vérifier un truc. Sans se presser, ils récupérèrent leur matériel sur la falaise, enroulèrent leurs cordes et redescendirent le sentier d'approche, en m'adressant un signe de tête intrigué au passage.

J'avais imaginé que les grimpeurs en extérieur regardaient de haut les grimpeurs en salle, mais ce n'est pas le cas. Les varappeurs les plus fanatiques finissent par faire les deux, à différents degrés. De nos jours, les jeunes grimpeurs débutent presque tous dans des gymnases, et certains passent ensuite au outdoor, où ils doivent apprendre un million de nouvelles choses. L'adepte du trad, appelé *dirtbag* (sac à merde), vit dans un van et voyage de falaise en falaise, en campant et en vivant de trois fois rien. Mais un grand nombre des *dirtbags* d'aujourd'hui ont commencé dans des gymnases. Alex Honnold, âgé de trente-quatre ans, sans doute le grimpeur vivant le plus célèbre au monde (il est la vedette du film *Free Solo*, qui a remporté cette année l'Oscar du meilleur documentaire), a débuté en passant ses journées dans un gymnase de Sacramento. En 2004, il est arrivé deuxième du championnat national junior dans la catégorie escalade sportive en salle. Avant de devenir un *dirtbag*, vivant dans un van depuis plus de dix ans et grimpant dans le parc national de Yosemite et d'autres régions réputées pour leurs falaises. *Free Solo* raconte son ascension de El Capitan en 2017, la grande paroi de granit de près de neuf cents mètres de haut, sans cordes ni aucune protection. Uniquement avec des chaussons d'escalade et un sac à magnésie. Il a réussi l'ascension en moins de quatre heures. Une prouesse sans précédent, d'une dangerosité qui dépasse l'entendement. Honnold et les réalisateurs du film ont fait une tournée de plusieurs mois et Honnold, remarquai-je, essayait de dénicher une salle d'escalade dans toutes les villes qu'il visitait, ne serait-ce que pour rester en forme. En vérité, il adore grimper dans des gymnases différents, dit-il. À New York, il a débarqué aux Cliffs. Je l'ai loupé, mais j'ai entendu dire qu'il s'était attaqué aux difficultés de la caverne avec une intensité non feinte.

Aux États-Unis, le système de notation est identique pour l'escalade indoor et outdoor… sauf quand il est différent. En général, un niveau donné – un bloc V3, par exemple – est plus difficile en extérieur, souvent même beaucoup plus difficile, que dans un gymnase. Certaines personnes affirment que les gymnases notent moins sévèrement pour donner à leurs clients l'impression qu'ils progressent et les inciter à revenir. Ça me semble vrai. Mais ça n'a pas d'importance, si l'on excepte les petits coups portés à l'amour-propre lorsque vous vous risquez pour la première fois en extérieur.

C'est plus important, me semble-t-il, dans le domaine de l'escalade sportive où le système de notation, aux États-Unis, commence à 5.0, 5.1… jusqu'à 5.10. Ensuite, ça devient plus subtil : 5.10a, 5.10b… jusqu'à 5.10d, le niveau de difficulté le plus élevé à l'heure actuelle. C'est le consensus qui détermine les niveaux. La première personne qui réussit une ascension propose une note pour son itinéraire. Lorsque quelqu'un d'autre refait cette même ascension, il confirme la note ou en propose une autre.

Si j'estime que, dans le domaine de l'escalade sportive, la différence de notation entre indoor et outdoor est importante, c'est parce que ce système de classification outdoor débute à un niveau de difficulté où toute chute risque d'être fatale, mais il est également utilisé pour le indoor, où il prend un sens totalement différent. Les salles d'escalade possèdent de nombreux niveaux d'escalade sportive (le plus facile que j'aie vu, je crois, est 5.5, et ça peut monter, aux Cliffs par exemple, jusqu'à 5.13). Mais, dans l'ensemble, aucune chute, même en cas de défaillance de l'assurage, n'est fatale. Certes, on peut se blesser en salle (Alex Honnold lui-même raconte qu'il s'est cassé le bras dans un gymnase), mais la mort est une préoccupation réservée au outdoor. Différence fondamentale.

Je l'ai ressentie, de manière diffuse, quand nous avons commencé à faire du bloc en extérieur, puis de manière plus nette la première fois que nous avons grimpé dans les Gunks. J'essayais de suivre la mécanique de la protection, toutes ces élingues et ces dégaines, tous ces mousquetons. Et je fus immédiatement frappé par la quantité de nœuds qu'il fallait utiliser : là, un nœud de cabestan, sinon on n'était pas en sécurité ; là, un demi-cabestan et un nœud de mule ; là, un nœud de Prusik, et ensuite un nœud de Machard. Je n'avais jamais entendu parler de la moitié de ces nœuds, mais cette énumération a fait ressurgir en moi une vieille angoisse enfantine remontant à l'époque où je faisais beaucoup de voile avec mon père qui adorait ça. J'étais censé savoir faire un tas de nœuds différents à toute vitesse. Je n'ai jamais été très doué et souvent je m'emmêlais les pinceaux. Je crois que j'ai appris une dizaine de fois à faire un nœud de chaise. Mais l'enjeu, je m'en aperçois maintenant, était faible. Une voile pouvait claquer, une corde pouvait s'emmêler, mon père pouvait piquer une colère. Aucune vie n'était en danger si je ne faisais pas le bon nœud au bon endroit au bon moment. Là-haut, on ne pouvait pas en dire autant. L'enjeu était

"IL Y AVAIT LÀ, EN EXTÉRIEUR, UNE TENSION, UN SÉRIEUX, UNE COMPLEXITÉ ET UN SENTIMENT D'IMPRÉVU QUI N'EXISTAIENT PAS DANS UNE SALLE D'ESCALADE."

beaucoup plus important, même si l'ambiance était faussement décontractée. Je sentais que nous étions entre de bonnes mains avec Sim, un homme rigoureux, détendu, bien organisé et, me semblait-il, extrêmement compétent. Mais il y avait là, en extérieur, une tension, un sérieux, une complexité et un sentiment d'imprévu qui n'existaient pas dans une salle d'escalade. J'adorais ça et, parce que je voyais bien à quel point j'étais impuissant, et malheureux en réalité, suspendu à une paroi, au-dessus du vide, dépendant de systèmes que je ne comprenais pas, je détestais ça également. Et puis, il y avait ma petite fille à moi. Serais-je suffisamment aguerri un jour pour prendre les rênes, pour assumer la responsabilité, au cours d'une escalade en extérieur, pour la protéger ?

# VII

# AU SECOU DE

# RS YUSUF

Dès sa deuxième année de compétition, Mollie commença à remporter des épreuves au niveau local. À Poughkeepsie, elle flasha trois parcours difficiles et termina première. J'avais l'impression que chaque samedi elle rapportait un trophée à la maison. Les grimpeurs des autres équipes devenaient des visages familiers, et je me réjouissais de les revoir. BK Beasts, Team Rock, Rock Climb Fairfield, tous ces gamins se soutenaient, la plupart du temps. Je dois admettre que c'était un plaisir de voir Mollie damner le pion à d'autres grimpeurs qui, un an plus tôt, paraissaient d'un bien meilleur niveau ; aujourd'hui, elle les dépassait.

Elle était également plus intégrée, socialement plus à l'aise. Elle n'était plus la "petite nouvelle de l'équipe". Un jour, elle me confia qu'elle avait eu le sentiment d'être une imposture la première année. Maintenant, elle se sentait à sa place. Pendant l'isolement, me dit-elle, ses équipiers et elle se livraient à de colossales parties de Bananagrams, un jeu de lettres, pour tuer le temps et calmer leurs nerfs.

Ashima, je dois le préciser, était exemptée de compétitions locales, et on ne la voyait jamais. L'escalade sportive avait été introduite pour la première fois aux Jeux olympiques de Tokyo, et nous avions appris qu'elle était partie se concentrer sur cet objectif. Là-bas, le format serait différent. Notons au passage que le surf allait devenir, lui aussi, une discipline olympique à Tokyo, ce qui ne réjouissait pas les vieux surfeurs comme moi.

La plupart d'entre nous préférait que le monde extérieur reste à l'écart du surf, déjà bien saturé.

En revanche, je n'avais pas ces appréhensions de vieux de la veille vis-à-vis de l'escalade et des compétitions. Je manquais d'élément de comparaison avec le présent. Je n'étais qu'un fan novice. Et en tant que tel, je dévorais les vidéos des meilleurs grimpeurs en train d'envoyer des problèmes extrêmes, en salle comme à l'extérieur. Je traversais des phases, qu'il s'agisse des ascensions de big walls (et dans ce cas je regardais, je lisais tout ce que je trouvais sur Alex Honnold, Tommy Caldwell, Lynn Hill), des compétitions de blocs, des trads d'une difficulté insensée ou de l'escalade sportive outdoor, le plus souvent en Europe. J'essayai même de regarder de l'escalade de vitesse, autre future épreuve olympique, mais je trouvai ça vulgaire : une course frénétique sur une paroi équipée de prises standardisées informes, en moulinette. Je fus étonné d'apprendre que l'escalade de bloc moderne était née dans la forêt de Fontainebleau, où certains des meilleurs spécialistes au monde (parmi lesquels il y en a au moins un qui grimpe pieds nus) continuent à établir de nouveaux itinéraires. En Finlande, en 2016, un type nommé Nalle Hukkataival a envoyé un problème de bloc qui semble être le premier V17 au monde. Hukkataival a réussi des V15 et des V16 un peu partout, et, bien qu'il rechigne à le revendiquer, il affirme que cette escalade réalisée en Finlande dépasse toutes les autres en termes de difficulté. Il a passé plusieurs années à la préparer. Maintenant, il attend qu'un autre répète son exploit et propose son évaluation.

J'essayais malgré tout de ne pas devenir un admirateur béat de ces illustres grimpeurs, notamment pour ne pas gêner Mollie. Mais chaque fois que j'en mentionnais un qui avait attiré mon attention, elle le connaissait. Apparemment, nous lisions les mêmes articles et interviews, nous regardions les mêmes vidéos. Elle était particulièrement fan de deux jeunes femmes du Colorado, Brooke Raboutou et Margo Hayes, qui avaient remporté plus que leur lot de compétitions et exécutaient maintenant des escalades spectaculaires en extérieur.

Nous avons visionné ensemble un long-métrage intitulé *Valley Uprising*, consacré à quelques-uns des premiers *dirtbags* qui ont ouvert les grandes parois dans la vallée de Yosemite. Une histoire de l'évolution des styles d'escalade, des technologies, des tenues, des philosophies, des drogues et des réussites, qui s'achevait plus ou moins par l'arrivée d'Alex Honnold, annonciateur de la génération suivante, celle des *crushers* propres sur eux et végans. J'aimais bien le discours d'un des grimpeurs de l'âge d'or, Jim Bridwell, qui fut le premier à escalader un nombre important de grandes parois et qui semblait y avoir pris plaisir. Bridwell possédait son propre système de notation, qu'il préférait à toutes ces grilles pseudo-scientifiques censées établir le niveau de difficulté d'un itinéraire. La table de Bridwell allait de CPT (C'est Pas Terrible) et PTM (Pas Trop Mal) à SD (Sacrément Difficile) et FPM (Faut Pas Merder).

On entend parfois des gens demander : qui est le meilleur grimpeur au monde ? Plus vous vous intéressez à la chose, plus cette question vous paraît dénuée de sens. Le meilleur grimpeur de bloc au monde n'est pas le meilleur grimpeur sportif ni le meilleur varappeur ni le meilleur grimpeur en solo au monde. Dans chacune de ces disciplines il existe des figures dominantes. Alex Honnold est de loin le meilleur en solo, mais c'est une niche car Honnold, de son propre aveu, s'encorde plus de neuf fois sur dix, et rares, très rares, sont ceux qui font du solo intégral. Adam Ondra, un Tchèque, est le grimpeur sportif le plus puissant au monde : c'est lui qui a réussi un 5.15d dans une caverne en Norvège. Mais Ondra n'est pas le meilleur grimpeur de bloc. Les acharnés font tout généralement – indoor, outdoor, trad, blocs –, mais personne ne domine toutes ces spécialités. Les Jeux olympiques sont censés couronner les meilleurs grimpeurs mondiaux, mais tous les varappeurs savent que c'est bidon. Les médaillés seront certainement des athlètes qui excellent dans une discipline en salle et qui ne se débrouillent pas trop mal ailleurs.

Alors, je continuais à enchaîner les V0 aux Cliffs et partout où je me trouvais. J'emportais mes chaussons d'escalade au cours de mes déplacements professionnels et guettais la moindre occasion de m'éclipser. Je dénichais des salles au Texas, en France… mais pas au Venezuela, on s'en doute. Toutefois, mon plus grand plaisir, je l'avoue, c'était encore de regarder Mollie grimper, y compris pendant les compétitions.

Je me souviens d'une compétition à New York, dans un endroit baptisé Brooklyn Boulders. Mollie était dans une phase de joyeuse concentration. Elle se jetait sur des problèmes de plus en plus durs, des itinéraires dont personne ne venait à bout, et elle réussissait à se hisser au sommet. Elle avait compris dans quel type d'escalade elle excellait – les parois granuleuses, principalement, parsemées de prises minuscules, qui exigeaient une force exceptionnelle dans les doigts – et lorsqu'elle voulait engranger des points, elle choisissait ces parcours qui l'obligeaient parfois à tordre ses doigts dans des positions qui n'étaient pas naturelles, et très douloureuses. Mais elle avançait d'une prise à l'autre, tel un lézard, presque sans bruit, si ce n'est, peut-être, un léger grognement au moment de franchir le crux. Ce jour-là, je m'en souviens, elle portait un maillot de l'équipe Long Island City des Cliffs : un débardeur turquoise frappé de l'inscription FINN dans le dos. Il y avait une nouvelle grimpeuse dans sa catégorie d'âge, qui n'appartenait à aucune équipe, une fille grande et puissante. Mollie et elle étaient loin devant ; elles réussissaient tour à tour des itinéraires de plus en plus ardus. Le duel était serré et, à mes yeux, ultra-dramatique. Finalement, Mollie a fini deuxième, mais j'étais tellement emballé par sa prestation, si fier d'elle, que j'avais du mal à parler.

Que dire ? C'était ma petite fille chérie, mon bébé, elle avait toujours été mon héroïne, en quelque sorte, mais désormais elle se surpassait. Elle avait trouvé une activité qui l'illuminait de l'intérieur, et elle y plongeait avec un magnifique abandon contrôlé, si vous me permettez cet oxymore. J'avais l'impression de vivre à travers elle, comme un horrible père frustré. Mais elle était également mon mentor, mon coach.

Mais voici un truc étrange. Quand je repense à ces deux premières saisons de Mollie dans l'équipe des Cliffs, à toutes les raisons qu'elle avait d'être fière, la chose dont elle semblait la plus fière, en réalité, n'avait rien à voir avec la compétition, ni même avec l'escalade à proprement parler. L'incident s'était produit pendant qu'elle assurait. Je n'ai pas assisté à la scène – ça s'est passé pendant un entraînement de l'équipe –, mais

Mollie me l'a racontée assez souvent pour que je l'imagine clairement et, surtout, pour que je comprenne combien c'était important pour elle. Elle assurait un coéquipier, que j'appellerai Yusuf, sur une escalade en tête d'une vingtaine de mètres de hauteur dotée, à l'endroit où ils se trouvaient, d'un important surplomb, bien au-delà de la verticale. Yusuf, un grand type costaud qui avait peut-être un an de plus que Mollie, n'était plus qu'à quelques prises du sommet. Il grimpait vite. Mollie ne le quittait pas des yeux, notamment parce qu'il pesait sans doute trente kilos de plus qu'elle, ce qui voulait dire qu'elle devait se tenir prête à le retenir. Elle crut le voir manquer un mousqueton : il le fit claquer avec la corde d'assurage en passant, mais on avait l'impression, même de loin, qu'il l'avait loupé. Avant qu'elle ait le temps de crier, Yusuf l'avait dépassé et se dirigeait vers le mousqueton suivant, qu'il ne réussit pas à atteindre car il perdit l'équilibre et tomba. Il avait bel et bien manqué le mousqueton précédent. Et parce qu'il se trouvait largement au-dessus du dernier point d'assurage, il chuta de deux fois plus haut, en prenant de la vitesse, avant même que le bloqueur puisse intervenir. Pressentant le drame, Mollie avala tout le mou qu'elle avait, saisit à deux mains la corde d'assurage et sauta en l'air pour essayer d'amortir le choc. Lorsque Yusuf arriva au bout du runout, elle fut propulsée vers le plafond et heurta le mur au niveau du premier mousqueton. Yusuf et Mollie se percutèrent dans le vide. Elle reçut les pieds du garçon en pleine tête. Heureusement, sa chute avait été freinée et la collision ne fut pas trop grave. Yusuf était tombé de douze mètres, et Mollie l'avait retenu. Maintenant, ils se balançaient l'un et l'autre à trois mètres du sol.

## Avec Mollie

Je m'aperçois aujourd'hui que Yusuf avait fait une énorme chute, bien plus grave que tout ce que j'ai vu et souhaite voir, et Mollie l'avait retenu mais, dans mon esprit, cette histoire, même si elle continue à m'ébranler légèrement, s'est déroulée dans le contexte du gymnase, une sorte d'école maternelle pour adultes où personne ne peut se faire réellement mal… Même si on n'est jamais à l'abri d'un accident, évidemment. Mollie, je pense, voyait cela dans un contexte différent, celui de l'escalade en général, où la sécurité n'est jamais une chose acquise mais un défi permanent et sérieux. Plus que tout, elle voulait être prête à relever ce défi, si elle souhaitait continuer. Une façon terriblement mûre de considérer ce nouveau truc marrant que nous avions découvert. Du pur Mollie.

Une parenthèse. Je m'aperçois que j'exagère. J'ai dit que Mollie n'avait jamais honte de moi au gymnase, mais je pense l'avoir mortifiée plusieurs fois sans le savoir car, à différentes reprises, elle m'arrêta à temps. Devinant que j'allais parler, elle disait entre ses dents : "Non, ne dis rien." Mais… mais, je voulais juste savoir… "Non, ne dis rien." Cela se produisait généralement lorsque je m'apprêtais à faire une remarque à de bons grimpeurs qui travaillaient sur un projet sérieux. La règle était la suivante : abstiens-toi de donner des conseils à des grimpeurs qui sont meilleurs que toi. Je connaissais bien cette règle, grâce au surf. Les surfeurs aguerris n'avaient pas envie d'écouter un cinglé quand ils étaient concentrés. Pas un mot. Point. Merci. Tu as gagné le droit de l'ouvrir le jour où tu sais de quoi tu parles. Sinon, ferme-la et apprends. OK, pigé.

# VIII

# LE ME

# XIQUE

Nous entreprenions maintenant des voyages plus lointains pour faire de l'escalade, ou bien nous sautions sur n'importe quelle occasion pour nous livrer à cette activité. Ainsi, je me suis rendu récemment au Canada pour mon travail, Mollie m'a rejoint et nous avons passé une semaine à grimper dans les Rocheuses canadiennes et sur la chaîne Côtière. Nous sommes allés en Californie pour lui trouver une fac, et au bout de quelques jours nous avons jeté l'éponge et avons filé dans le parc de Joshua Tree, dans le désert de Mojave.

L'hiver dernier, nous avons pris subitement la décision d'aller au Mexique. C'était juste après Noël. Caroline était absente. Sim – Simeon Heimowitz, le roi des Gunks – nous avait annoncé qu'il partait hiverner dans le Sud, pour servir de guide et faire de l'escalade dans l'État de Querétaro qui possédait, disait-il, de superbes falaises. J'ai passé pas mal de temps au Mexique, pour le surf et en tant que journaliste, mais je ne suis jamais allé dans le Querétaro. Alors j'ai appelé Sim et, un ou deux jours plus tard, nous nous sommes retrouvés dans une charmante petite ville nommée Bernal. Il a débarqué au volant de son fidèle van, un Ford Sportsmobile de 2003, avec un grand sourire et une tonne de matériel.

Juste au nord de la ville se dressait un sommet imposant, un monolithe pour employer le terme géologique, le plus grand rocher isolé au monde, qui culmine à plus de quatre cents mètres au-dessus de la ville. La Peña de Bernal. C'était une chose magnifique, un peu terrifiante, et bien évidemment, ce serait notre premier projet, déclara Sim. Ce serait aussi notre plus haute ascension, pour Mollie et moi, et de loin. Mais, comme toujours, Sim donnait l'impression de savoir ce qu'il faisait. Alors, le lendemain, nous nous sommes levés de bonne heure et avons marché jusqu'au pied d'un itinéraire baptisé La Bernalina, qui semblait gravir en ligne droite la paroi principale. De près, la roche était magnifique, marbrée d'orange et de rose. De la dacite porphyrique, que Sim appelait "la jolie sœur du granit". Je fus heureux d'apprendre que l'itinéraire était équipé, et Sim savait où se trouvaient les pitons. Ce serait ma première escalade en plusieurs longueurs, le genre d'ascension qui vous oblige à vous arrêter régulièrement, sur une corniche généralement, pour hisser votre corde et tout votre matériel de protection, avant de vous assurer de nouveau pour repartir. Il y avait sept sections jusqu'au sommet, apparemment, et certains arrêts s'effectueraient au-dessus du vide, mais je ne devais pas m'inquiéter, *no te preocupes*, ce serait amusant.

Sim partit le premier, assuré par Mollie. C'était une journée d'hiver radieuse, un temps à T-shirt, et quelques personnes se promenaient sur le sentier au-dessus de la ville, mais il n'y avait pas âme qui vive sur la montagne. Le sommet paraissait inatteignable, quelque part au-delà des falaises que nous apercevions ; l'ascension en revanche ne semblait pas trop difficile. La paroi n'était pas raide et la roche était rugueuse, parsemée d'un tas de prises potentielles. "Tu peux le faire, papounet", dit Mollie, tout sourire, pendant que je m'encordais. Je passai en deuxième position, assuré par Sim qui se trouvait déjà quelque part là-haut. Je me forçai à avancer lentement, en me répétant : les pieds solides ! Les pieds solides ! De bonnes poses de pieds, ça veut dire moins de poids à supporter, moins de fatigue dans les doigts, les mains et les bras. Je gravis la première section sans tomber, à mon grand soulagement. Mais Sim avait raison : la corniche n'était pas très large. Il était d'excellente humeur. Il m'avait accroché à un relais et avait crié à Mollie de commencer à grimper. J'étais incapable de suivre ses instructions : détends-toi, secoue les bras. Nous étions maintenant suspendus au-dessus d'une vaste étendue de vide et je n'avais pas confiance en mon baudrier, certes, c'était absurde. Je m'agrippais fermement à la montagne, ce qui eut pour effet de tétaniser davantage mes bras. Mollie apparut. Elle grimpait avec assurance et facilité, récupérant au passage notre matériel, des trucs qu'on appelait des dégaines, qu'elle accrochait à sa ceinture au fur et à mesure. J'ai oublié qui attaqua en premier la section suivante, mais je sais que je fermais la marche car je dévissai au deuxième ou troisième mouvement – une faiblesse soudaine et répugnante au niveau des doigts et des orteils –, à un mètre environ au-dessus de la corniche. La personne qui m'assurait me retint aussitôt, mais j'étais revenu au point de départ, sur la roche étroite.

J'étais seul face aux conséquences de ma chute. C'est-à-dire face à une paroi verticale, relativement lisse, qui m'avait déjà recraché une fois. Et si je n'arrivais pas à franchir cette section, ni même à l'attaquer ? Avions-nous un plan B ? Nous n'avions pas discuté de cette éventualité. Sim connaissait cette montagne et, apparemment, il me croyait capable de l'escalader. Pris de panique, je refis les premiers mouvements, comme si tout en dépendait. Cette fois, je parvins à franchir

la partie vierge, non sans mal, et lorsque j'atteignis de meilleures prises, je collai mon visage contre la pierre, le souffle coupé. Je fis abstraction de tout le reste, hormis des battements précipités de mon cœur. J'attendis qu'il se calme, ce qui finit par arriver. J'ouvris alors les yeux et examinai la section suivante. Quand je repense aujourd'hui à ce moment sur La Bernalina, je m'aperçois que je retrouvais des réflexes de survie qui m'avaient servi des milliers de fois dans l'eau, sur mon surf, lorsque j'étais malmené, effrayé, essoufflé, et que j'avais besoin de me ressaisir ou de me préparer à un nouveau châtiment. Me concentrer sur mon cœur, ses pulsations, essayer de les ralentir, ou simplement attendre qu'elles s'apaisent. La force me reviendrait si je restais calme. Mais évidemment, sur l'océan, je savais ce que je faisais, après une vie entière de pratique. Là-haut, j'étais un *hook* complet, un débutant dans le langage des surfeurs. Cette ascension n'était pas difficile. Elle l'était juste pour moi.

Le reste de la journée se déroula plus ou moins de cette façon. Je dus me battre contre chaque section, sans savoir si j'allais arriver au sommet. Mais je n'en soufflai pas un mot à Mollie ou à Sim. Lorsque j'atteignais un nouveau relais, très en retard, et souvent trop épuisé pour parler, ils m'interrogeaient du regard. Ils me faisaient boire de l'eau et me demandaient comment ça allait. J'étais tellement heureux de pouvoir me reposer que je levais les pouces pour leur dire que tout allait bien. De fait, je ne suis pas retombé une seule fois après avoir dégringolé au tout début de la deuxième section. J'aurais mieux fait de tomber – cela aurait été une manière plus intelligente de grimper, pour pouvoir m'asseoir et me reposer de temps en temps –, mais une peur irrationnelle m'habitait. J'évoluais toujours seul durant les passages difficiles, dissimulé aux yeux des autres, et je n'avais toujours pas confiance en mon baudrier. C'était comme si je faisais de l'escalade en solo où toute chute serait fatale. Assez bêtement, je ne m'étais jamais entraîné à tomber – c'est pourtant un exercice basique –, par conséquent, j'avais encore tendance à considérer chaque chute comme un drame, ce qui n'est pas bon. Je me sentais tellement peu en confiance que, même dans les relais les plus sûrs, je refusais de lâcher la paroi. Résultat, mes bras étaient salement tétanisés et mes mains quasiment inutiles. Mollie ne cessait de m'encourager à rester calme, à m'installer confortablement dans mon baudrier, à secouer les bras ; au lieu de quoi, je faisais des blagues nulles à mes dépens – non, je n'acceptais aucune aide artificielle pour cette ascension – et j'affirmais que tout allait bien. Elle savait à quoi s'en tenir, mais elle avait décidé de ne pas insister. Pour elle, c'était du gâteau et je ne voulais surtout pas gâcher son plaisir à cause de ma faiblesse et de mon incompétence crasse. De plus, personne n'avait encore évoqué un plan B, de fait je n'en voyais aucun. Redescendre par cette voie semblait inenvisageable. C'était trop haut, trop raide. Ou peut-être en rappel ? Mais qu'est-ce que j'y connaissais ? À ce stade, j'avais connu plusieurs moments difficiles, le visage plaqué contre la paroi, mon casque raclant la pierre, mes doigts et mes orteils hurlant de douleur, à attendre que mon cœur ralentisse, trop fatigué et désorienté pour rire de moi, ce que je fais très bien habituellement. J'avais l'impression d'être un insecte, une mouche, une misérable particule de matière collée sur cette dalle de pierre impitoyable et sans fin, sous un soleil écrasant, au fin fond du Mexique. Tout ça pour quoi ? Je détestais la dureté de la pierre. Mon élément, c'était l'eau. Cela avait tout l'air d'une de ces situations extrêmes que je trouvais ridicules en temps normal. Pourquoi moi, Seigneur ? Parce que tu es énervant. Mais j'étais trop secoué, trop effrayé. Et je ne voulais pas, surtout pas, que Mollie le sache. Si elle ne se faisait aucune illusion sur mes capacités, ma ténacité, c'était autre chose.

Enfin, nous avons atteint une corniche digne de ce nom, plus qu'une corniche même : une grande surface plate, avec des arbustes et un sentier –, l'unique véritable gorge de La Bernalina. Là, je pus me détendre, agiter les bras et ôter mes chaussons. Un vrai bonheur, même si mes gros orteils n'étaient pas beaux à voir : on aurait dit que quelqu'un avait tapé dessus avec un marteau. En outre, en levant les yeux, je sentis mon estomac se nouer. La section suivante était immense et ne paraissait pas plus facile. C'était officiel : cette escalade n'en finirait jamais. Ma seule erreur jusqu'à présent, hormis le fait que je prolongeais cette ascension de plusieurs heures, avait été de laisser échapper une des dégaines pendant que je nettoyais la deuxième section. Mais je sentais venir une bourde monumentale. Je n'y arriverais pas. Je faisais mine de fouiller dans mon sac à dos pour éviter d'avoir à parler et laisser Sim et Mollie attaquer la section suivante, la plus longue, précisa Sim. Je ne m'étais laissé aucune option. Ils étaient partis. Je devais suivre. Lorsque je sentis qu'on tirait sur la corde d'assurage, je fus obligé de grimper. Alors, j'y allai, tout doucement. Solide sur les pieds. Mes mains ne servaient plus à rien, mes gros orteils étaient en feu. Cet instant parut durer une éternité. Puis la paroi commença à s'adoucir, à s'incliner.

“UNE MISÉRABLE PARTICULE DE MATIÈRE
COLLÉE SUR CETTE DALLE DE PIERRE
IMPITOYABLE ET SANS FIN.”

Du coup, je me sentais désorienté sans pierre face à moi. J'avançais sur une corniche large, et si j'avais encore besoin de mes mains, c'était pour assurer mon équilibre. Et maintenant, j'apercevais mes équipiers plus haut, assis tous les deux, souriants et pieds nus. Nous avions atteint le sommet. Nom de Dieu. Subitement, la vie redevenait belle. Plus que ça même.

Nous avons déambulé pendant une semaine environ dans le Querétaro, un petit État situé à deux ou trois heures de route au nord de Mexico, mais nous revenions sans cesse à Bernal, une charmante et paisible bourgade qui, outre La Peña, offrait quelques excellents blocs au nord du monolithe. Sim possédait une maison dans une petite ville proche, mais j'avais cru comprendre qu'il vivait surtout dans son van, garé dans l'allée. Nous trouvions ça très amusant. Vous pouvez arracher un *dirtbag* aux Gunks, mais impossible de le faire sortir de son van. Il avait apparemment un grand nombre d'amis dans le coin, et le flot de clients *gringos* ne tarissait pas. Quand il n'était pas occupé à grimper, ou à équiper et nettoyer de nouvelles voies, il partait faire du motocross, nous dit-il. Une passion qui lui venait de son adolescence dans le New Jersey rural, et qu'il continuait à assouvir avec un enthousiasme incompréhensible. Il nous fit découvrir d'autres spots d'escalade, plus au sud. Dont un situé au sommet d'une vallée montagneuse, où des falaises composites volcaniques jaillissaient de forêts de chênes d'un vert très foncé. De gros pavés étaient incrustés dans les parois en guise de prises. C'était une voie d'une seule longueur et Sim installa des moulinettes au-dessus de deux parois raides. Je parvins à gravir deux ou trois itinéraires seulement,

"NOUS AVIONS ATTEINT LE SOMMET.
NOM DE DIEU. SUBITEMENT,
LA VIE REDEVENAIT BELLE."

mais Mollie était dans son élément, et elle passait d'une corde à l'autre, telle une araignée. Certains mouvements, certains passages me paraissaient extrêmement difficiles, vraiment risqués, pour moi du moins, pourtant pas un instant elle ne donna l'impression d'avoir peur. Elle se hissait jusqu'aux surplombs les plus hauts, où il devenait très compliqué de l'apercevoir. Et soudain, cette petite voix flûtée descendait le long de la falaise comme un fantôme : "Impec." Elle n'était même pas essoufflée, elle se parlait à elle-même, et nous comprenions qu'elle avait franchi un autre relais. Plus tard, sur une autre section, plus facile et équipée, nous nous sommes assurés mutuellement en tête : un véritable bonheur pour moi. Au cours de la journée, deux familles de Mexicains débarquèrent dans des vans, après l'école, et se lancèrent à l'assaut du rocher escarpé : des mères, des pères, des enfants et des chiens qui pourchassaient les écureuils. Une adolescente, puissante grimpeuse, ressemblait à une potentielle adversaire de Mollie dans le Connecticut. Sim les connaissait tous, évidemment.

Il nous conduisit également sur un spot d'escalade en fissure, près de la ville d'Aculco. Il s'agissait du lit d'une rivière, un canyon sinueux, d'une vingtaine de mètres de profondeur, bordé de murs spectaculaires. Constitué de très hautes et fines colonnes de basalte en forme de prismes. On aurait dit des crayons géants, alignés, de différentes couleurs pastel. Sim voulait faire découvrir les fissures à Mollie. Tout bon grimpeur polyvalent sait faire de l'escalade de fissure, et ces colonnes, parce qu'elles se dressaient côte à côte ou de travers, créaient de longues, très longues, fissures verticales, qui étaient quasiment la seule façon de gravir ces falaises.

Les colonnes étant lisses, il fallait coincer des parties de son corps dans les fissures et avancer en opposition. Sim installa une moulinette autour des troncs d'arbres qui poussaient sur le promontoire et lança une corde dans le canyon. Et nous avons passé la journée là, à gravir ces murs magnifiques. Je me pris au jeu et grimpai plus haut que je l'aurais cru, en bataillant centimètre par centimètre, coinçant mes mains, mes pieds, mes genoux, mes bras ou, si nécessaire, mon corps entier dans les fissures : tout ce qui entrait et m'empêchait de glisser. Sim nous avait mis en garde : "Escalader une paroi, c'est de la danse. Les fissures, c'est une bagarre dans un bar." En effet, c'était plutôt brutal, et étouffant, mais aussi étrangement satisfaisant, pensais-je. Mollie était meilleure que moi, bien meilleure, et elle envoya quelques itinéraires effrayants, dotés de dalles extrêmement fines près des sommets. Pourtant, elle avait détesté ça, me confia-t-elle plus tard. Pendant que Sim s'exclamait "Ça y est, petite, tu es dans les fissures maintenant !", elle se jurait intérieurement de ne plus jamais recommencer. Elle se fichait pas mal de savoir combien de grimpeurs avaient bâti leur réputation grâce à de célèbres fissures.

Si elle devait choisir, les blocs étaient la forme d'escalade préférée de Mollie. Et donc, nous nous sommes plusieurs fois rendus dans les zones de blocs situées dans la vallée, au nord de La Peña. Un curieux décor. À l'extrémité d'un chemin de terre accidenté se trouvait un campement très rudimentaire, avec une cuisine commune à ciel ouvert, des hamacs, une poutre d'escalade, un petit cours d'eau et des tentes plantées ici et là, dans les buissons. À la réception, si on pouvait appeler

“LES FISSURES,
C’EST UNE BAGARRE
DANS UN BAR.”

ça ainsi, ils avaient un guide des blocs, qu'ils nous autorisèrent à photographier, et un crash pad à louer. Nous nous sommes donc promenés dans les environs, à la recherche de problèmes faisables. Tous, ou presque, étaient trop difficiles pour moi. Je dénichai néanmoins un large bloc dans une zone baptisée Ciencia-Fricción – Science-Friction – qui offrait des lignes faciles, dont une traversée en altitude, qui me conduisit derrière la paroi, où je me retrouvai un peu désorienté. Soudain, Mollie me cria d'en bas : "Ne te penche pas en arrière, papa !" Jetant un coup d'œil par-dessus mon épaule, je découvris que j'étais à quelques centimètres seulement des épines d'une gigantesque rangée de cactus. Je devais me trouver à trois mètres du sol, et il n'y avait que des cactus jusqu'en bas. Comment avais-je pu ne pas m'en apercevoir, je l'ignorais. Je rebroussai chemin pour redescendre. Mollie, qui avait essayé de m'assurer jusqu'à ce que je disparaisse dans un monde de cactus, poussa un soupir d'exaspération lorsque j'arrivai en bas.

Elle trouva son spot sur le versant ouest d'un gigantesque rocher fendu baptisé El Capitán Calzón. Il offrait des dizaines de problèmes répertoriés, d'après nos photos, parmi lesquels de nombreux itinéraires équipés, sur les faces les plus hautes. Elle commença par une traversée basse, tandis que je poussais du bout du pied le matelas en dessous, au milieu des pierres, pour essayer de l'assurer. Les zones de réception n'étaient pas très bonnes, en revanche, l'escalade était un régal, commenta-t-elle. Pour finir, nous avons partagé nos beta avec un duo de grimpeurs du coin, deux types cool de Santiago de Querétaro. Ils connaissaient bien ce rocher et ils donnèrent à Mollie des conseils sur des ascensions susceptibles de lui plaire. Ils burent des bières et fumèrent des cigarettes entre deux tentatives sur leur projet, qui semblait beaucoup trop dur pour eux.

Au soleil couchant, Mollie trouva un problème à son goût : long et éprouvant. À en croire le guide, il s'appelait Sueños Guajiros, gravi pour la première fois en 1999, lus-je, par un certain T. Caldwell. Tommy Caldwell faisait partie de mes nouveaux héros. C'est un Américain spécialiste des big walls, sans doute le meilleur de sa génération. Il a à son actif une longue liste d'exploits. Difficile de croire que nous avions réussi à dénicher au fin fond du Mexique un petit problème de bloc établi par Caldwell lui-même. Pourtant, ça semblait bien être le cas et, maintenant, Mollie mourait d'envie de le projeter.

Hélas, lorsque nous sommes revenus deux jours plus tard, plusieurs personnes s'y étaient déjà attaquées. Nous les avons regardées un instant. C'était un groupe cosmopolite composé de Britanniques, d'Espagnols, de Mexicains et d'Argentins. Tous amis, apparemment. Et tous excellents grimpeurs. Mais aucun ne semblait en mesure d'arriver en haut, loin de là. Mollie s'échauffa dans un coin, sur de petites parois, puis profita d'une pause sur Sueños pour monter sur le ring. Comme en d'autres occasions, les grimpeurs se montrèrent polis, sans être impressionnés. Le départ était très bas, très à gauche. Je poussais le crash pad sous Mollie, alors qu'elle progressait sur la partie principale du problème, de prise en prise. Elle chuta juste avant le premier crux, mais elle avait fait aussi bien que les autres et, à l'évidence, elle avait sa place sur ce projet. Une demi-douzaine de personnes s'y essayèrent à leur tour, ce qui donna lieu à force jurons et rires, sans réussite notable. Lors de sa deuxième tentative, Mollie franchit le premier crux et s'attaqua bille en tête à la seconde partie de l'escalade, qui nécessitait un grand crochet de talon pour commencer. J'avais les bras levés pour l'assurer, mais soudain, deux types m'écartèrent sans ménagement et sans un mot pour prendre le relais. Je fus surpris, agacé, mais reconnaissant. C'étaient des grimpeurs expérimentés qui savaient ce qu'il fallait faire, et lorsque Mollie manqua la fente suivante, ils la rattrapèrent par les épaules avec fermeté : un sauvetage d'école qui lui permit d'atterrir en toute sécurité. C'est à peine si elle s'aperçut que j'avais été remplacé.

Elle échangea immédiatement des beta avec les deux types, qui s'intéressaient réellement à elle maintenant. Elle savait ce qu'elle faisait. Je me retirai, vexé. Mais je continuai à regarder de loin, discrètement. Pour sa tentative suivante, Mollie ignora la longue ouverture près du sol. Son but, de toute évidence, était d'économiser ses forces et de se concentrer sur l'apprentissage des passages difficiles. Elle commença par le premier crux, qu'elle franchit de nouveau. Puis elle s'attaqua au grand crochet de talon, et cette fois elle enchaîna avec la fente. Elle se balança dans le vide et faillit lâcher la paroi, mais elle parvint, je ne sais comment, à s'y raccrocher. Les grimpeurs présents poussèrent des exclamations. Apparemment, certains d'entre eux travaillaient sur cet itinéraire depuis plusieurs jours. À partir de là, il n'y avait plus que des bacs jusqu'en haut, relativement simples, et quand Mollie arriva au sommet, elle demeura suspendue pendant un long moment victorieux, sous les acclamations des autres. Là où je me trouvais, en retrait, il se peut que je me sois mis à sautiller sur place tant je trouvais ça excitant.

Mollie redescendit de quelques mètres et se laissa tomber sur le sol. Elle venait de résoudre le problème.

Mais je remarquai qu'elle s'éloignait rapidement du mur en grimaçant, et je vis qu'elle me cherchait. Apparemment, elle s'était entaillé l'index lors de la descente. Nous avons essayé d'arrêter le saignement avec du sparadrap, mais c'était une vilaine coupure profonde. Elle fit quelques autres tentatives, seulement elle n'avait plus aucune chance maintenant. Elle avait besoin de ce doigt. Finalement, un Espagnol réussit à envoyer Sueños, ce qui provoqua des cris de joie chez les autres. Après avoir fait le tour du groupe pour taper dans les mains de ses amis et les serrer dans ses bras, il chercha Mollie. Elle lui fit un check et je l'imitai. Pendant que nous remballions nos affaires, Mollie déclara qu'elle espérait bien revenir. Sans aucun doute, dis-je. Je me sentais inutile et incompétent, mais elle était capable de réussir n'importe quoi, me semblait-il. Nous avons redescendu lentement le chemin jusqu'au camp. Le crépuscule était tombé sur le désert, une pleine lune montait dans le ciel. Mollie fredonnait un air que je ne connaissais pas. Elle portait le crash pad sur son dos et gardait une main levée pour essayer d'arrêter l'hémorragie.

# T'ASS

## IX

URES,
MEC !

De retour à New York, je connus quelques problèmes de santé, comme on dit, et les médecins me recommandèrent de lever le pied. Dormez tout le week-end, tel est le conseil que me donna une infirmière.

Mais Mollie avait d'autres projets en tête. C'était durant une période d'accalmie entre deux saisons de compétitions et, apparemment, un groupe de gymnases locaux avait imaginé avec les moyens du bord une série de compètes tous âges et tous niveaux. Nous étions bien loin de la Fédération américaine d'escalade. Chaque catégorie portait un nom ringard : "Lutte de pouvoir", "La Rixe", "Épreuves de force". On devrait y participer, me dit-elle, tous les deux. Je pourrais m'inscrire dans la catégorie "Masters", réservée aux vieux, c'est-à-dire aux plus de quarante ans.

Je suis incapable de résister à toute forme de compétition. En outre, je n'ai jamais su suivre les ordres des médecins. Et donc, nous avons participé aux Tristate Bouldering Series : cinq compétitions en autant de semaines, qui débutaient le dimanche matin dans différents gymnases de New York. Y compris aux Cliffs. Les finales de la catégorie Open, qui avaient lieu en soirée, réuniraient essentiellement des grimpeurs professionnels qui s'affrontaient pour l'argent et attireraient la foule. Je ne m'inscrivis pas dans la catégorie "Masters", qui regrouperait un tas de bons grimpeurs, mais dans celle des "Novices", réservée aux moins expérimentés. Mollie, elle, figurerait dans la catégorie "Supérieure Féminine".

Les compétitions (celles du matin et de l'après-midi du moins) se déroulaient sur trois heures selon le format "parcours libres ouverts à tous", comme pour les compétitions locales de jeunes, mais encore plus chaotique étant donné qu'elles englobaient tout le monde, des gamins aux vieux schnocks, des pros célèbres et des champions nationaux aux *hooks* complets. Vous étiez noté sur vos cinq meilleures prestations. C'était intense, et parfois humiliant pour moi. Mais Mollie avait raison : c'était l'éclate aussi. Ma stratégie était simple : je commencerais par les problèmes les plus faciles, jusqu'à ce que j'en réussisse cinq, et ensuite je verrais combien de parcours plus difficiles je pouvais accomplir. Je finirais par être à court de problèmes accessibles, mais je m'estimerais heureux si je réussissais un ou deux V3 et, parfois, je reviendrais en arrière pour améliorer mes scores jusqu'à la fin de l'épreuve. Je me souviens d'une ascension, dans une salle du New Jersey, qui se joua sur le fil. Juste au moment où j'allais atteindre le sommet pour essayer de battre le chrono, j'entendis Karl, un gars que je connais depuis des années – il enseignait les maths à Mollie au collège et était un excellent grimpeur, qui avait de fortes chances de l'emporter dans la catégorie Masters –, j'entendis Karl, donc, un type habituellement réservé, s'écrier : "T'assures, mec !" Je faillis éclater de rire, mais au lieu de ça, je bondis jusqu'au sommet et marquai des points. Rien ne vaut une fin à suspens, même sur un V1. Voilà pour l'ambiance générale. Je n'ai jamais vraiment su qui étaient les autres concurrents de la catégorie "Novices" – les grimpeurs ne portaient pas de badges –, mais je devinais que c'étaient des mômes ou des vieux, tous débutants. Généralement, je finissais en milieu de classement, j'en déduisais donc que le niveau était faible.

Mon plus grand plaisir était de regarder Mollie. Même parmi des centaines de grimpeurs, elle sortait du lot, désormais. Son style, sa puissance, sa façon de bondir sur des prises lointaines. Elle était obligée d'établir une stratégie, cependant, car dans sa catégorie, cumuler cinq ascensions faciles, ça ne suffisait pas. Elle était obligée d'envoyer des problèmes difficiles, du style V8, et parfois, elle projetait des ascensions très cotées que personne n'avait encore réussies : on ne voyait aucune trace de magnésie sur les prises les plus hautes. Elle devait donc décider combien de temps et d'énergie elle devait investir, et où. Certaines de ses principales rivales étaient de jeunes cracks, plus jeunes qu'elle, des filles qui participaient déjà aux nationaux, mais aussi des femmes plus âgées. Mollie restait en course, tout en haut de sa catégorie, durant toutes les séries, et elle réagissait plutôt bien, pensais-je. Contrairement à moi. Je voulais qu'elle *gagne*. Nous étions bien loin, inutile de le préciser, de l'époque du soccer, quand elle essayait de déplacer des brins d'herbe par le seul pouvoir de la pensée.

Voir de près des grimpeurs célèbres s'escrimer sur la route des finales de l'Open était électrisant. Lorsque les Cliffs accueillirent la compétition, je me retrouvai en train d'attendre face au mur derrière Kai Lightner, un jeune pro qui est déjà une grande star. Et peu importe que j'attende pour m'attaquer à un V2, alors qu'il allait tenter d'escalader un V12. Non, non, après vous, je vous en prie.

Je ne restais jamais pour les festivités du soir. J'avais passé l'âge de danser comme un dératé dans la fosse.

Mollie, elle, assista à la fête des Cliffs. Ce fut, paraît-il, une énorme fiesta, avec des hectolitres de bière, qui ressemblait plus à un concert de rock qu'à une compétition d'escalade. Mais cela lui permit de s'éclater et de voir certains de ses héros, comme Alex Puccio, dix titres de champion national. Une fois la compétition terminée, ils laissèrent même certains grimpeurs locaux s'attaquer aux problèmes des finales, d'une difficulté insensée.

J'avais manqué tout ça, mais c'était chouette d'entendre ce récit. Ces compétitions idiotes furent un rayon de soleil au cours d'une saison noire pour moi.

Récemment, Mollie me choqua en me faisant un aveu en apparence anodin, presque par mégarde. Nous rabâchions une dispute que nous avions eue sur La Peña de Bernal. Cela s'était produit après que nous avions atteint le sommet. J'étais tellement euphorique d'être arrivé là-haut, et soulagé, que je n'avais pas pensé à la façon dont nous allions redescendre. Mais Sim nous indiqua qu'il y avait un relais de rappel un peu à l'est, en suivant l'arête. Le rappel est la technique la plus rapide pour descendre d'une montagne. Vous doublez la corde, vous la passez dans un relais et un gadget appelé bloqueur, et vous descendez en appuyant les pieds contre la paroi, comme si vous marchiez à l'envers. Nous l'avions déjà fait. C'est facile si vous le faites bien, catastrophique si vous vous y prenez mal. Le soleil se couchait, ce qui signifiait que nous allions descendre en rappel dans le noir, et nous n'avions pas emporté de lampes frontales, ce qui était idiot. Sim ne semblait pas inquiet, mais il nous incita à rejoindre sans tarder le relais de rappel, installé au sommet d'une gorge profonde et verticale. En arrivant, nous sommes tombés sur un couple de jeunes Mexicains qui venaient de gravir un autre itinéraire, plus simple et plus court, sur ce versant, afin d'admirer le coucher de soleil, et qui s'apprêtaient à redescendre, eux aussi. Ils nous demandèrent l'autorisation d'utiliser notre matériel de rappel pour gagner du temps, et Sim, toujours démonstratif, répondit : *"Claro, amigos."*

Mais maintenant, nous devions nous dépêcher, la nuit tombait et je ne comprenais rien au fonctionnement du matériel de rappel. Je crois que Sim descendit en premier, suivi de Mollie. La jeune Mexicaine demeura sur le côté, accrochée à un relais, et je fis de même, tandis que son petit copain s'affairait et s'occupait de tout, sans être attaché. Il donnait l'impression de savoir ce qu'il faisait et j'étais impressionné par son agilité de chèvre des montagnes, et par son savoir-faire de manière générale. Quand vint mon tour de descendre, il faisait nuit noire et c'était très angoissant de tomber dans le vide, en prenant appui contre un mur invisible, dans une gorge de plus en plus étroite, en se balançant et en tournoyant au-dessus de l'abîme, avant d'attaquer un second rappel, mal éclairé par la lampe d'un téléphone. Malgré cela, tout le monde redescendit sans problème et après avoir suivi d'un pas lourd le long chemin en direction de la ville, nous nous sommes tous trois installés dans le van de Sim, où je bus les meilleures bières fraîches de toute l'histoire de l'hémisphère Nord. J'évoquai l'agilité et l'assurance du jeune Mexicain et, à mon grand étonnement, Sim et Mollie ricanèrent. Ce type n'était pas fiable, dirent-ils. Bon, d'accord, ce n'était peut-être pas un guide des bonnes pratiques, dis-je, mais il semblait savoir ce qu'il faisait.

Sim et Mollie refusèrent d'en démordre – leur désapprobation était catégorique – et nous avons changé de sujet.

Et donc, le souvenir de cette descente en rappel dans le noir avait ressurgi récemment. "Le problème de ce mec, dit Mollie, c'était qu'il mettait tout le monde en danger.

– Qui, par exemple ? demandai-je.

– Moi, répondit-elle. Pendant que je descendais, il a commencé à me balancer des pierres. Je suppose que c'était lui, et je suis sûre que ce n'était pas volontaire, mais je les entendais dégringoler, et comme il faisait nuit, je ne pouvais pas essayer de les éviter. J'étais obligée de rentrer la tête dans les épaules et de me faire la plus petite possible pendant que les pierres sifflaient à mes oreilles. Heureusement, aucune ne m'a atteinte."

Je suis resté sans voix. Finalement, je demandai : "Pourquoi tu ne m'as rien dit sur le coup ?

– Parce que tu aurais tué ce type, répondit-elle. Et ça n'aurait pas été bien."

Elle avait raison. Je l'aurais tué. Aujourd'hui encore, l'envie me démange.

# REGA

IX

RDE

-MOI

Depuis quelque temps, la question du danger me préoccupe. Cela fait quatre ou cinq ans maintenant que nous nous sommes lancés dans cette entreprise et si on y prête attention, j'ai l'impression qu'il se produit toujours un événement dramatique, ici ou là, dans le monde de l'escalade. Notamment des chutes fatales, pour diverses raisons : matériel défaillant, erreur de jugement, malchance, suffisance, prises qui lâchent, chute de pierres, avalanches, nœud qui se défait. Il existe également un tas d'accidents sans explications, souvent sans survivants. Bref, je commençais à avoir peur. Les tragédies se rapprochaient de nous : des personnes faisaient des chutes fatales dans les Gunks, à Joshua Tree, à Squamish (une ville du Canada où nous sommes allés faire de l'escalade en août).

Un après-midi, alors que nous roulions dans les montagnes canadiennes, je demandai à Mollie s'il lui était arrivé d'avoir réellement peur pendant une ascension. Je ne parlais pas de la fois où un imbécile lui avait lancé des pierres sur la tête pendant qu'elle descendait en rappel, évidemment. Elle semblait toujours si calme, si enjouée et maîtresse de la situation quand elle grimpait, y compris en extérieur. Sa réponse me surprit. "Oui", me dit-elle.

Je lui demandai à quels moments.

"Chaque fois que je te regarde escalader un bloc très haut et que tu commences à en baver."

Ce n'était pas à ça que je pensais, ce n'était pas ce que je lui demandais.

“Je ne peux pas t’assurer, ajouta-t-elle. Je suis trop petite.”

Oh. D’accord. Notre différence de morphologie ne m’était jamais apparue comme un problème de sécurité. Mais peut-être que si, après tout. En tout cas, elle avait raison au sujet de mes difficultés. Cela m’était arrivé deux ou trois fois, peut-être même plus, mais je n’avais pas ressenti sa peur. Et puis, Dieu soit loué, je n’étais jamais tombé dans ces moments-là.

Toutefois, une de ces mini-crises s’était produite quelques jours plus tôt, près de Banff. Nous faisions de l’escalade de bloc au pied d’un haut sommet. Mollie avait déjà enchaîné plusieurs itinéraires sur la paroi à-pic d’un énorme bloc. Pour ma part, je décidai de gravir une des arêtes. Une ascension facile, raide tout d’abord, mais avec de bonnes prises, puis moins abrupte. L’itinéraire figurait dans un guide que j’avais trouvé sur mon téléphone. Il s’appelait Slippery Arete – Arête glissante. Je n’avais pas eu peur de glisser, mais au moment où j’atteignais le sommet, alors que j’allais poser mon pied dans une poche, dernier appui de ce côté, mes deux mains ont dérapé sur le dessus d’une prise grasse et j’ai basculé vers l’avant. J’ai coincé mon genou dans la poche que mon pied ne pouvait plus atteindre. J’essayais de ne pas glisser vers la droite de l’arête, pour ne pas me détacher de la paroi raide. Mon orteil droit a lâché et j’ai dû enfoncer mon autre genou de ce côté-ci de l’arête, à l’aveuglette, car j’étais maintenant couché à plat ventre, dans une position inconfortable, et j’étreignais l’arête, sans véritable prise. C’était absurde, et ça n’aurait pas dû être dangereux, mais ça l’était. Et Mollie en avait conscience. Je devais me trouver à cinq ou six mètres du sol, sans chemin dégagé en dessous pour me réceptionner. De toute façon, je n'avais aucune envie de sauter de cette hauteur. Mes mains appuyaient de toutes leurs forces sur une surface lisse que je ne voyais pas, et j'essayais de conserver ma position en me remettant entièrement à la friction. Ça fonctionnait, mais j'étais loin d'être en sécurité et je ne voyais pas comment j'allais pouvoir m'en sortir. En temps normal, Mollie aurait eu une idée. Bien souvent, elle m'a tiré d'un mauvais pas en me parlant.

Mais cette fois, elle me lança simplement: "Ne lâche pas." C'était un bon conseil. Je m'efforçai de garder un ton calme pour lui demander si elle ne voyait pas une autre solution. Le son de ma voix me fit honte. Elle me rappelait celle de mon père quand il avait peur, ce qui arrivait rarement, pour sûr, mais ça me mettait mal à l'aise à chaque fois. Mollie ne répondit pas. Mauvais signe. Je sentais que j'étais au bord de la catastrophe. Je ne voulais pas imposer ça à Mollie, ni à moi d'ailleurs. Je décidai de me battre. J'accentuai la pression de mes mains, qui restèrent collées à la paroi, et utilisai cette prise pour décoller le bassin jusqu'à ce que, en restant bien raide, sans rouler sur le côté droit, je puisse sortir mon genou gauche de la poche et le remplacer par mon pied. Bien. Je me penchai sur le côté en me dressant sur ce pied, dénichai une véritable prise de main et repartis. Mes genoux ont souffert de ce quasi-fiasco pendant des semaines et, bien entendu, je savais que j'avais flanqué la frousse à Mollie.

Néanmoins, je devinais qu'elle faisait allusion à un problème légèrement différent. Après tout, il s'agissait d'un incident stupide, qui ne serait certes jamais arrivé à un meilleur grimpeur, mais j'avais été surpris par un danger invisible. Non, elle faisait allusion aux situations

“LA PIERRE, C’ÉTAIT DE LA PIERRE,
FAÇONNÉE PAR L’EAU, LES ÉCLAIRS
ET LE TEMPS.”

délicates dans lesquelles je m'étais fourré pour la simple raison que je ne voyais pas ce que je cherchais. Je m'attaquais aux blocs bille en tête. Si je pouvais attraper les premières prises, je pourrais certainement continuer jusqu'en haut, voilà ce que je me disais. C'était sans doute vrai dans une salle, mais la nature est obtuse. N'importe quel problème facile pouvait se transformer en problème difficile à tout moment. La pierre, c'était de la pierre, façonnée par l'eau, les éclairs et le temps, indifférente à nous et à nos petits projets. Il fallait "lire" la pierre avant de la gravir, sans oublier la descente. Mais je n'avais aucune confiance en ma capacité à déchiffrer une ascension dans sa totalité, depuis le départ, ne serait-ce qu'un petit bloc. Mollie était très douée pour ça. Pas moi. Ce qu'elle me disait, en réalité, c'était la chose suivante : Ça ne va pas, c'est insuffisant, je ne pouvais pas continuer à m'en tirer de justesse, en faisant des trucs idiots, comme si de rien n'était. Car je risquais ma vie et, dans une certaine mesure, la sienne. OK. Elle avait entièrement raison.

Le lendemain de cet échange, je crois, nous avons pris la direction d'une vallée à l'ouest de Kamloops, au fin fond de la Colombie-Britannique. Nous cherchions un spot très bien caché. Le chemin de terre de plus en plus étroit gravissait la montagne en serpentant. Nous disposions de vagues indications : un embranchement et un brasero dans les bois. En effet, nous avons trouvé l'embranchement, et les restes d'un très vieux brasero. Nous nous sommes enfoncés dans la forêt, à pied. Oui, c'était bien là. Il y avait des blocs partout. Couverts de mousse pour la plupart. Aucune trace de magnésie. Personne n'était venu ici dernièrement.

L'escalade de bloc, songeai-je (et ce n'était pas la première fois), ressemble beaucoup au surf, surtout en pleine nature. Dans les deux cas, vous évoluez au milieu de ruines. En escalade, c'est souvent parmi de gros rochers qui ont dévalé les montagnes, et vous cherchez des surfaces où vous pouvez vous lancer. En surf, vous fouillez parmi les derniers spasmes violents de tempêtes lointaines, le long du littoral, en essayant, là encore, de trouver ces surfaces où vous pouvez vous lancer. Il y a dans le surf un aspect spectacle de danse plus important et les ruines peuvent prendre un côté plus littéral : sur la côte Est, nous attendons avec impatience les ouragans qui se propagent en automne et nous envoient des vagues, parfois après avoir détruit des îles entières plus au sud. Mais dans les deux cas, la performance dépend de la capacité à lire les conditions météorologiques et à dénicher les passages que l'on peut rider ou escalader, au milieu du chaos de la nature.

Dans les bois au-dessus de Kamloops, Mollie repéra deux problèmes. Je les voyais à peine. Elle grimpa lentement, prudemment. Elle étudia un long enchaînement, se balança et dit : “Regarde-moi.” Autrement dit : “Je risque de tomber.” Elle ne disait pas ça souvent. J'avais déjà levé les bras. Je la suivis de près, me tenant prêt à la retenir. Elle réussit le grand enchaînement, laissa échapper un petit rire et se hissa au sommet. Une fois redescendue, elle dit : “C'était difficile.” Je n'avais aucune envie d'essayer. Elle trouva ensuite une longue traversée, qu'elle attaqua magnifiquement, à deux ou trois mètres seulement au-dessus du sol.

Il n'y avait pas grand-chose qui me tentait sur ce spot. Quelques courtes ascensions me suffirent, histoire de sentir la pierre. J'essayais de me montrer plus réaliste désormais en ne m'attaquant pas à des parois que je n'avais pas déchiffrées. Mollie et moi avons inspecté différents secteurs des bois. Soudain, elle m'appela. Je perçus une tension inhabituelle dans sa voix. Je m'empressai de la rejoindre. "Tu as le répulsif pour les ours?" Oui, je l'avais. À Banff, c'était quasiment interdit de se promener sans sa bombe. Mollie scrutait les arbres. "J'ai cru entendre un bruit."

La forêt était silencieuse.

"Cet endroit fiche la trouille", dis-je.

Nous avons déniché deux très hauts blocs, étroits, légèrement incurvés. Je les avais en photo dans mon téléphone. D'après le guide en ligne, il s'agissait de V3. Des rochers magnifiques, gracieux, mais presque lisses, verticaux, de sept mètres de haut environ. Quand une ascension difficile est sous-cotée, les grimpeurs disent qu'elle est "lestée". Je n'avais jamais connu de V3 aussi lestés.

"Tirons-nous d'ici."

Il y avait sur la playlist de Mollie une chanson que j'ai dû écouter des centaines de fois au cours de ce périple au Canada. Le refrain disait: "*I like the way you mess with my heart, baby, I like the way it hurts*[01]." Cette rengaine vous rentrait dans la tête, mais surtout en entendant Mollie fredonner sur les paroles, je ne pouvais m'empêcher de me demander ce qu'elles signifiaient pour elle. Elle avait une vie intérieure et une vie sociale opaques à mes yeux. Ces longs trajets dans les montagnes et les plaines constituaient une formidable

01 — J'aime la façon dont tu joues avec mon cœur, bébé, j'aime cette douleur. *(N.d.T)*

occasion de discuter, et lorsqu'elle était bien disposée, elle me confiait certaines choses, importantes et triviales, choquantes et banales, sur son monde, l'école, ses amis. La cruauté désinvolte des adolescents, leur tendresse brutale semblent immuables, mais le contexte de leurs luttes change, et j'avais la nausée en pensant au bordel que nous laissons à ces gamins : un monde déchiré, une planète surchauffée. Malgré cela, Mollie, qui ne se faisait aucune illusion sur tous ces sujets, était enjouée, et dès que nous avons retrouvé du réseau, elle échangea des textos avec son petit ami, là-bas dans l'Est, et voilà qu'elle riait soudain, mystérieusement, à des plaisanteries auxquelles je n'aurai jamais accès.

Nous sommes arrivés à Squamish, site d'une ancienne exploitation forestière, sur la côte, au nord de Vancouver. Aujourd'hui, Squamish est une ville de grimpeurs. Ils viennent du monde entier pour escalader un massif de granit baptisé Stawamus Chief. Le chef en question possède plus de trois cents itinéraires répertoriés, des trads pour la plupart, et les montagnes environnantes en proposent des centaines d'autres. En plus de cela, il y a l'escalade de blocs. Nous fîmes l'acquisition d'un énorme ouvrage sur papier glacé intitulé *Squamish Bouldering* qui contenait les descriptions détaillées de plus de trois mille blocs situés dans les environs. C'était un peu écrasant. Arrêtez-vous dans un café très fréquenté du centre de Squamish et écoutez les conversations. D'après mes recherches, neuf fois sur dix il sera question d'escalade.

Mollie resta concentrée sur Squamish. Elle n'écumait pas les boutiques spécialisées, elle n'étudiait pas toute la journée les cartes des grands itinéraires pour choisir ceux qu'elle ferait en premier. Elle ne voulut même pas engager un guide pour nous mener au sommet du Chief et nous apprendre les ficelles. (Les cordes, plus exactement.) Si ça ne t'ennuie pas, me dit-elle, contentons-nous des blocs. On reviendra une autre fois pour faire de l'escalade. Elle n'avait d'yeux que pour les blocs et elle ne voulait penser à rien d'autre.

Je m'efforçais de lui ressembler davantage dès qu'il était question d'escalade : plus concentré, moins désordonné, alors je dis : "Très bien." Aidés de notre épais guide sur papier glacé, nous nous sommes enfoncés dans les bois. Partout se dressaient de gros éboulis de granit, maculés de magnésie pour la plupart. Tous s'étaient détachés du Chief à un moment ou à un autre et ils s'empilaient bon gré mal gré en prenant des formes spectaculaires. En cette journée d'été sèche, les grimpeurs étaient de sortie, rassemblés autour de certaines formations. Je fus frappé par le nombre de jeunes femmes, accompagnées de beaux chiens et munies de sacs à magnésie colorés, qui grimpaient seules. L'une d'elles, après avoir vu Mollie à l'œuvre sur un problème d'échauffement, lui montra, au coin, un parcours en prise arquée susceptible de lui plaire, et sur ce point elle avait raison.

Je consultai le guide pour essayer de comprendre où nous étions, tout en sachant que c'était mal vu d'exhiber ce bouquin. Je ne trouvais aucun problème à ma portée, mais c'était amusant de tenter de comparer les indications du guide avec les parcours eux-mêmes. Ah, là c'était Peach Crumble et là, One Move Blunder. Mais où étaient Buns Up et Squealing ? On ne pouvait être qu'intimidé en songeant à la quantité d'efforts, d'imagination et d'obsession nécessaire pour établir chacune de ces milliers de petites ascensions. Le guide indiquait à chaque fois le nom de celui ou celle qui avait ouvert la voie et la date. Certains, très prolifiques, avaient repéré et réussi des centaines de problèmes, et les avaient baptisés. Je croyais que les surfeurs étaient des fous obsessionnels, à juste titre, d'ailleurs, mais il n'existe rien de semblable dans le monde du surf.

Les escalades de bloc les plus dures de Squamish étaient d'authentiques leçons d'humilité. Nous ne vîmes personne s'attaquer à des V8 ou à des V10, et encore moins à des V12 ou à des V14, mais le degré de difficulté paraissait absurde, sans parler du facteur peur. Non pas que les notations les plus élevées soient synonymes de plus grande dangerosité. Un V10 peut correspondre à un plafond de caverne situé à deux mètres du sol, au-dessus d'un crash pad. Un V0 sera toujours facile, mais il peut être très haut, exposé, avec une zone de réception problématique. Je ne voyais pas bien l'intérêt des blocs très hauts qu'on appelle des highballs. Le guide les qualifiait tous d'effrayants, et certains de super dangereux. Comment pouvait-on projeter un problème difficile alors qu'une chute pouvait se solder par une jambe cassée ? Je savais, grâce aux vidéos, que les pros apportaient une quantité de crash pads pour équiper les zones de réception dangereuses, mais même ça, ça paraissait insuffisant.

Mollie avait des idées bien arrêtées sur les highballs. Dès que vous dépassiez les huit ou neuf mètres, où une chute sans être encordé pouvait entraîner, presque à coup sûr, des blessures graves, ce n'était plus de l'escalade de bloc, disait-elle. C'était de l'escalade en solo, ou assureurs et crash pads faisaient de la figuration.

“MOLLIE NÉGOCIA QUELQUES JOLIS
ET SUBTILS PROBLÈMES.”

J'aimais son entêtement. Et bien sûr, j'aimais sa façon de grimper : précise, totale. Quand elle projetait un itinéraire, elle enchaînait les chutes, mais jamais grièvement. Une fois, dans un gymnase, elle s'est fait une entorse au bras en tombant, mais c'est tout. Je le répète, j'ignore d'où lui venait cette obsession pour la sécurité, certainement pas de moi, mais j'étais bien décidé à l'imiter, dans le domaine de l'escalade du moins. Finies les acrobaties grotesques sur des parcours que je ne pouvais pas terminer.

Au cours de notre deuxième ou troisième journée à Squamish, je réussis l'exploit de m'asperger de répulsif anti-ours. En ville. Loin des ours, donc. Un simple incident de gestion de bagages dans notre voiture de location. Heureusement, l'aérosol ne m'atteignit pas au visage, mais il s'en donna à cœur joie sur mes bras, mes vêtements et dans la voiture. Apparemment, c'est une sorte de gaz poivre très toxique. Un peu plus tard, alors que j'essayais de tout aérer, Mollie me regarda, face au vent, en toussant et en riant. “C'est tout nous, ça !” pouffa-t-elle.

Je remarquai qu'elle lisait *Angels in America* de Tony Kushner. “Roy Cohn est vraiment aussi mauvais qu'il en a l'air ?” me demanda-t-elle. “Pire encore”, répondis-je.

Je lui proposai d'essayer une zone moins fréquentée, à l'écart du Chief, et nous avons fini par trouver un canyon tranquille, à l'est de la ville, où nous étions les seuls grimpeurs. C'était une journée fraîche, nuageuse et la météo prévoyait de la pluie. Le bloc était intéressant (nous étions encore à Squamish) et Mollie négocia quelques jolis et subtils problèmes. La roche était lisse, un alignement de falaises de granit, et la plupart des parcours se situaient au-dessus d'un chemin bien entretenu. Tout cela était très civilisé, très canadien. Je réalisai deux ascensions faciles et échouai dans deux autres.

Mais en redescendant vers la ville, alors que nous tentions de devancer la pluie, je décidai de réessayer les parcours sur lesquels j'avais échoué. Cela ne me ressemblait pas, mais ce n'était pas non plus de l'imprudence, ni un simple désir impulsif de me jeter sur la paroi. En vérité, c'était le nouveau moi, le moi méthodique. Les deux ascensions, identiques, étaient des problèmes courts, en opposition, avec des longs flakes en diagonale, et tout en marchant, je m'étais dit qu'il existait peut-être un autre moyen d'arriver au bout, en passant à l'extérieur des fissures, par exemple. Alors, je fis une tentative, en grimpant avec plus d'assurance, cherchant des prises moins évidentes, plus éloignées, plus hautes. Ce fut un succès. J'envoyai les deux ascensions. Mollie paraissait aussi surprise que moi. "Je suis fière de toi, papounet", dit-elle, ce qui me procura une joie sans doute excessive. Peut-être qu'un jour, pensai-je, de manière pas totalement ironique, je grimperais comme Mollie.

Toutefois, mon moment préféré de cette journée, comme très souvent, se produisit alors que Mollie exécutait un mouvement difficile. Je l'assurais, bras levés. Juste avant de se lancer, elle dit : "Regarde-moi."